THE IONIAN ISLANDS IN THE BYZANTINE PERIOD

A CLASSIFIED BIBLIOGRAPHY

OTHER BYZANTINE STUDIES TITLES
AVAILABLE FROM COLENSO BOOKS

BELFAST BYZANTINE TEXTS AND TRANSLATIONS

BBTT 1	The Life of Michael the Synkellos (2nd edition) *Mary B. Cunningham*
BBTT 4.1	Alexios I Komnenos, vol. I, Papers *edited by Margaret Mullett and Dion Smythe*
BBTT 6.1	The Theotokos Evergetis and eleventh-century monasticism *edited by Margaret Mullett and Anthony Kirby*
BBTT 6.2	Work and Worship at the Theotokos Evergetis 1050–1200 *edited by Margaret Mullett and Anthony Kirby*
BBTT 6.3	Founders and Refounders of Byzantine monasteries *edited by Margaret Mullett*
BBTT 6.5	The Synaxarion of the monastery of the Theotokos Evergetis, vol. I, September–February (2nd edition) *Robert Jordan*
BBTT 6.6	The Synaxarion of the monastery of the Theotokos Evergetis, vol. II, March–August, the moveable cycle *Robert Jordan*
BBTT 6.7	The Synaxarion of the monastery of the Theotokos Evergetis, vol. III, Indexes *Robert Jordan*
BBTT 8	One hundred practical texts of perception and spiritual discernment from Diadochos of Photike *Janet Elaine Rutherford*
BBTT 9	Metaphrastes, or, gained in translation: essays and translations in honour of Robert H. Jordan *edited by Margaret Mullett*

MARIA LEONTSINI is a senior researcher at the Institute of Historical Research (Section of Byzantine Research) of the National Hellenic Research Foundation (IHR/NHRF). Her research focuses on the historical geography of Byzantium, with a particular interest in the history, topography and culture of the Greek islands. Her articles, reviews and contributions to books reflect her wide interests ranging across social and economic relations, daily life and occupations in the urban, rural and island environments of Byzantine Greece, as revealed in the written sources and the archaeological record.

Among her publications is a book entitled *Κωνσταντίνος Δ΄ (668-685): Ο τελευταίος πρωτοβυζαντινός αυτοκράτορας* — *Constantine IV (668–685): The Last Emperor of the Early Byzantine Period* (NHRF, Institute of Byzantine Research, Monographs 7, Athens, 2006). It explores the measures adopted by Constantine IV in his attempt to redefine relations between the central authorities and military leaders, local elites and the church, in order to restore former institutions and bring the organization of the Empire back in line with the policies pursued by Justinian I. It is for this backward-looking approach that Constantine IV may be described as 'the last emperor of the Early Byzantine period'. At the same time, as Leontsini shows, Constantine strove to develop Byzantine contacts with the West and to strengthen the naval forces of the Byzantine Empire for the defence of the Mediterranean.

Some of Leontsini's shorter publications concern naval policies developed in Byzantium; others the demands and dangers of island life in the Aegean and the Ionian, and the interactions, exchanges and cross-cultural communications between Byzantium and the East, as well as historical, behavioural and geographical perspectives on Byzantine diet. Details of her articles relating to the Ionian Islands can be found in Section 3.1 of this Bibliography under Βλυσίδου, Λεοντσίνη (2), and Leontsini.

COLENSO BOOKS is the sole distributor of the series BELFAST BYZANTINE TEXTS AND TRANSLATIONS (1991–2007), published by Belfast Byzantine Enterprises; and the publisher of a second (revised) edition of one of the volumes in that series, *The Synaxarion of the monastery of the Theotokos Evergetis: September to February*, text and translation by Robert H. Jordan (2014), and a facsimile reprint edition of another, *The Life of Michael the Synkellos*, text and translation by Mary Cunnigham (forthcoming, 2021). Colenso Books plans to produce reprints or revised editions of other volumes in this series as the original stock is exhausted. For details of the available titles in the series, see the previous page. All proceeds from the sale of this series go to provide student bursaries for the International Byzantine Greek Summer School, now at Trinity College Dublin.

THE IONIAN ISLANDS IN THE BYZANTINE PERIOD

───────

A CLASSIFIED BIBLIOGRAPHY

COMPILED AND INTRODUCED
BY
MARIA LEONTSINI

EDITED BY
ANTHONY HIRST AND PATRICK SAMMON

COLENSO BOOKS
2020

First published December 2020
by Colenso Books
68 Palatine Road, London N16 8ST, U.K.
colensobooks@gmail.com

ISBN 978-1-912788-00-2

Copyright © 2020 Maria Leontsini

The front cover shows the entrance to the thirteenth-century Gardiki Fortress on the west side of the island of Kerkyra (Corfu). Photograph by Anthony Hirst, reproduced by permission of the Greek Ministry of Culture and Sport, General Directorate of Antiquities and Cultural Heritage, Ephorate of Antiquites of Corfu (Υπουργείο Πολιτισμού και Αθλητισμού, Γενική Διεύθυνση Αρχαιοτήτων και Πολιτιστικής Κληρονομίας, Εφορεία Αρχαιοτήτων Κέρκυρας).

CONTENTS

INTRODUCTION BY MARIA LEONTSINI	vii
PUBLISHER'S NOTE AND INVITATION	x
EDITORS' NOTE	xi

**1.0. Contemporary sources and source studies
       including sigillography** 1

2.0. Older bibliographies and bibliographical studies 6

**3, Studies of the Ionian Islands region and broader
     studies that include the Ionian Islands**
    3.1. Political and general istory 8
    3.2. Religious studies and ecclesiastical history 17
    3.3. Art history 19
    3.4. Archaeology and monuments 21
    3.5. Historical geography and cartography 22

4, Kerkyra
    4.1. Political and general history 25
    4.2. Religious studies and ecclesiastical history 36
    4.3. Art history 42
    4.4. Archaeology and monuments 43
    4.5. Historical geography and cartography 45

5.0. Paxoi and Antipaxoi 46

6. Kephallenia and Ithake
    6.1. Political and general history 47
    6.2. Religious studies and ecclesiastical history 50
    6.3. Art history 52
    6.4. Archaeology and monuments 54
    6.5. Historical geography and cartography 55

7. Leukas
    7.1. Political and general history 57
    7.2. Religious studies and ecclesiastical history 59
    7.3. Art history 60
    7.4. Archaeology and monuments 61
    7.5 Historical geography and cartography 64

continued over

8. Zakynthos and the Strophades Islands
    8.1. Political and general history   65
    8.2. Religious studies and ecclesiastical history   66
    8.3. Art history   67
    8.4. Archaeology and monuments   69
    8.5 Historical geography and cartography   70

INDEX OF AUTHORS, EDITORS AND TRANSLATORS   72

INTRODUCTION

This bibliography of the Ionian Islands aims to provide a coherent record of the relevant works on Byzantine history and literature, archival research and archaeology, and to draw as complete a picture as possible of the current state of Ionian Islands research. This island region has been the subject of specialist analysis in the fields of historical geography, regional organization, administrative structures (civil and religious) and art history, based on textual and archaeological sources. Archaeology until recently has focused on the study of religious monuments and art, although at the present time the search for localized rural settlements, urban centres and fortified places is expected to stimulate new developments in the understanding of the region's history and culture. Certainly this aspect of research could have gone further, if the available material had been more extensive. With the exception of hagiography, the literary sources strictly related to the region are extremely scarce; and the hagiographical sources, though still limited, offer important insights into the transition to Christianity, and provide information on religious and social practices, and on individuals, sites and events that are not found in Byzantine historical texts. The key works of P. Soustal and J. Koder, *Nikopolis und Kephallenia* (Vienna, 1981) and of Elizabeth Malamut, *Les îles de l'Empire byzantin viiie–xiie siècles* (Paris, 1988)[1] contributed to a deeper understanding of the basic points of reference and significantly redrew the historical physiognomy of the Ionian Islands. Two recently published books, the monograph of A. Koskinas (Corfu, 2013)[2] on the fate of the islands during the Middle Byzantine period and the volume of papers edited by A. Hirst and P. Sammon (Newcastle upon Tyne, 2014),[3] are fruits of the last decade's research. The monumental history, architecture

---

[1] See below 3.1 Soustal, and 3.1 Malamut.
[2] See below 3.1 Κοσκινάς.
[3] See contributions to this volume below at 1.0 Bessi, 3.1 Leontsini, 3.1 Mackridge, and 3.2 Skoufari.

and iconography of the Ionian Islands during the Byzantine period are the subject of a collective volume recently published by the Academy of Athens. This work will be a milestone for future research on the monuments and history of the region.[4]

The Ionian Islands were generally considered by the Byzantines, as well as by modern historians, as primary points of contact, communication and exchange in the course of the voyages of individual ships or fleets, plying between Constantinople and the western Mediterranean. During the economic recession of medieval times, naval communications usually operated independently of the overland routes, and were more extensively used, owing to the more favourable conditions of maritime travel. It is generally agreed that this situation dictated the integration of the Ionian Islands into the administrative structures of the Byzantine Empire, reflecting the primary importance to Constantinople of the maritime routes for both military and commercial purposes; and that the strategic significance of the Ionian Islands was the stimulus for recording much of the information we have on the Islands in the Byzantine sources. This is apparent in most of the works listed in the first sections of the bibliography, which include primary sources and source studies (1.0), older bibliographies and bibliographical studies (2.0) and general regional studies (3, under various subheadings, 3.1–3.5).

The bibliography includes many works selected from the long tradition of local historiography; and, though many of these works were published a long time — in some cases several centuries — ago, they still constitute an important substratum of awareness and provide a link to the first historical enquiries into the Ionian Islands region. The rich archival documentation, which is of course connected with the granting of privileges to Venice (beginning in 992), and which was further extended by the long-lasting principalities which Latin lords and Italian city-states established in the former lands of the Byzantine Empire, is of exceptional value. Such testimony, although from outside

---

[4] See contributions to this volume below at 3.1 under Ασωνίτης, 3.3 and 3.4 under Βοκοτόπουλος.

Byzantium, illuminates some aspects of local situations and regional diversity and even bears witness to particular topographical features; it also provides place names which would otherwise have been lost.

Also of importance are studies of religious monuments that are not necessarily dated to the Byzantine era, but provide evidence of earlier religious and cultural traditions and also elucidate questions of the topography and toponymy of the Ionian Islands which may have become confused in the succeeding phases of the region's history.

After the introductory sections, the remaining and larger part of the bibliography is organized island by island, with each island section subdivided into four or five subsections by subject matter. The exception is the section on Paxoi and Antipaxoi, where the entries are so few as to make subdivision redundant.

The island of Kythira is not included in this bibliography because it formed part of the administrative unit of the Peloponnese during the Byzantine period and, and until it came under Venetian rule, was part of a different administrative context, although it shared a common sea route with the Ionian Islands.

It is obvious that many more scattered less significant references to the Ionian Islands can be found in many works not listed here.

Perhaps the dominant theme of the works included is the history of Byzantine maritime activity, in which the islands played such a vital role. However, we must remember that the local fleets were provincial in character and were usually deployed in conjunction with larger squadrons from the major maritime Byzantine *themes* of the Aegean Sea. The study of the contribution of the Ionian Islands to local communications and more extensive travel, and to the merchant shipping and naval operational infrastructures of the Byzantine period, is certainly far from exhausted.

This bibliography has been compiled under the aegis of the Institute of Historical Research, a part of the Εθνικό Ίδρυμα Ερευνών (National Hellenic Research Foundation) in Athens, within the framework of the Kyrtou Plegmata project ('Kyrtou plegmata – Convex Grids: Networks of economy, power and knowledge in the Hellenic space from prehistorical years until the modern age: analytic documentation – interpretive mapping – synthetic approaches'). This project was a part of the programme "Development Proposals of Research Organizations – KRIPIS" of the Γενική Γραμματεία Έρευνας και Τεχνολογίας (General Secretariat for Research and Technology), funded by Greece and the European Regional Development Fund of the European Union, under the Operational Programme 'Competitiveness and Entrepreneur-ship' (National Strategic Reference Framework 2007–2013) and the Attica Regional Operational Programme.

Maria Leontsini
Athens, 2019

PUBLISHER'S NOTE AND INVITATION

It is envisaged that further, enlarged editions of this Bibliography will be published as new material becomes available. Readers are invited to inform the publisher of any errors and omissions, and to provide details of relevant new publications from January 2021 onwards.

COLENSO BOOKS, 68 PALATINE ROAD, LONDON N16 8ST, UK
colensobooks@gmail.com

EDITORS' NOTE

In the bibliography the titles of Greek publications and the names of their authors and editors are in Greek characters and in *monotoniko* (as used in Greek-based online library catalogues).

Broadly speaking, works in Greek come first within each section or subsection of the bibliography, arranged in Greek alphabetical order by author's or editor's surname. Works in other languages follow, in Latin alphabetical order also by author's or editor's surname. In a few cases an author's name in Greek form accompanies a work in another language, or a Greek or other author's name in Latin characters accompanies a work in Greek. In such cases it is the form of the name, not the language of the title, that determines which of the alphabetical sequences the work is placed in.

Where names of non-Greek authors or editors at the start of an entry have prepositions and/or articles (de, da, van, van den etc.) preceding the surname, the part of the name following such prefixes is put first, regardless of normal practices for the languages involved. 'I. A. van Dieten' for example appears as 'Dieten, I. A. van', 'G. da Costa-Louillet' as 'Costa-Louillet, G. da', and 'E. de Gubernatis' as 'Gubernatis, E. de'.

Where there is more than one entry for an author/editor or combination of authors/editors, the entries are arranged chronologically by date of publication.

Where several papers from the same collected volume, or volume of conference papers, are included, the full publication details of the volume are given in full with every entry. This may seem cumbersome, but it means that each entry is complete in itself and doesn't require cross-refence before, for example, searching for the item in a library catalogue.

Publication details do not include the names of commercial publishers, but the names of some national, academic and ecclesiastical institutions acting as publishers are included.

At the back of the book there is an index of authors, translators and selected editors (see page 72 for further details).

1.0
CONTEMPORARY SOURCES AND SOURCE STUDIES INCLUDING SIGILLOGRAPHY

Βούλγαρης, Στ.-Κ., *Εκ Βουλγάρεων: ένα οικογενειακό χρονικό: πληροφορίες για τη μεσαιωνική Βαλκανική* (Athens, 2010).
Ρωμανός, Ι. Α., 'Ανδηγαυικόν δίπλωμα του Ταραντίνου ηγεμόνος Φιλίππου του Β΄ περιέχον μετάφρασιν χρυσοβούλλου Μιχαήλ του Β΄, Δεσπότου της Ηπείρου', *Ιστορικά Έργα* (Corfu, 1882); and *Κερκυραϊκά Χρονικά* 7 (1959), 90–106
———, 'Δημοσία κερκυραϊκή πράξις λατινιστί συντεταγμένη περί αποδόσεως εθελοδούλων εκ Βαγενετίας της Ηπείρου δυναστεύοντος εν Κερκύρα του Ταραντίνου ηγεμόνος Φιλίππου του Β΄ νυν το πρώτον εκδοθείσα μετά βραχείας εισαγωγής', *Ιστορικά Έργα* (Athens, 1888); and *Κερκυραϊκά Χρονικά* 7 (1959), 117–125.
———, 'Κερκυραϊκά ήτοι ιστορική περίληψις των εν Κερκύρα σπουδαιοτέρων γεγονότων από των μυθικών μέχρι των καθ' υμάς', *Κερκυραϊκά Χρονικά* 11 (1965), 9–38.
Τζιβάρα, Π. and Σπ. Καρύδης, *Η Βιβλιοθήκη της Μονής Πλατυτέρας Κέρκυρας: χειρόγραφα, έντυπα, αρχείο* (Athens, 2010).
———, *Το Αρχείο των Γενικών Προβλεπτών Θαλάσσης: αναζητώντας τα ίχνη του* (Athens, 2012).
Τσελίκας, Α., 'Νικολάου Σπαρμιώτη, νομικου Κορυφών, "Έγγραφον ελευθερίας" 1391', *Δελτίον της Ιονίου Ακαδημίας* 2 (1986), 168–187.
———, 'Βυζαντινά χειρόγραφα στην Κέρκυρα', *Βυζαντινή και μεταβυζαντινή τέχνη στην Κέρκυρα: μνημεία, εικόνες, κειμήλια, πολιτισμός*, ed. Ιερά Μητρόπολη Κερκύρας, Παξών και Διαποντίων Νήσων (Corfu, 1994), 221–223.
Adler, M., *The Itinerary of Benjamin of Tudela* (London, 1907).
Aubineau, M., 'La Passion grecque inédite de saint Thérinos, martyrisé à Buthrote en Epire (BHG 1798z)', *Analecta Bollandiana* 100 (1982), 63–78.
Bees, N. A., 'Unedierte Schriftstücke aus der Kanzlei des Johannes Apokaukos des Metropoliten von Naupaktos (in Aetolien)', *Byzantinisch–neugriechische Jahrbücher* 21 (1971–1974), 57–160.

Berger, A. (ed.) and G. Fiaccadori (contributor), *Life and works of Saint Gregentios, Archbishop of Taphar*, Millennium Studies (Berlin and New York, 2006), 366–368.

Bessi, B., 'The Ionian Islands in the *Liber Insularum* of Cristoforo Buondelmonti', *The Ionian Islands: aspects of their history and culture*, ed. A. Hirst and P. Sammon (Newcastle upon Tyne, 2014), 225–263.

Borgo, M. dal, 'L'Archivio di Stato di Venezia: fonti per la storia delle Isole Ionie: Corfù, Cefalonia, Zante e Santa Maura', *Levante veneziano: aspetti di storia delle Isole Ionie al tempo della Serenissima*, ed. M. Costantini and A. Nikiforou, Quaderni di Cheiron 2 (Rome, 1996), 177–222.

Carile, A., 'Partitio Terrarum Imperii Romanie', *Studi Veneziani* 7 (1965), 125–305.

Chiesa, P. (ed.), *Liudprandi Cremonensis Antapodosis, Homelia paschalis, Historia Ottonis, Relatio de legatione Constantinopolitana*, Corpus Christianorum Continuatio Mediaevalis 156 (Turnhout, 1998).

Costa-Louillet, G. da 'Note complémentaire: S. Arsène et les pirates Scythes', *Byzantion* 31 (1961), 367–368.

Cuntz, O. and G. Wirth (eds), *Itineraria Romana: itineraria Antonini Augusti et Burdigalense*, vol. 1 (Stuttgart, 1990), 83–84.

Darrouzès, J., *Notitiae episcopatuum Ecclesiae Constantinopolitanae: texte critique, introduction et notes* (Paris, 1988).

Dieten, I. A. van (ed.), *Nicetae Choniatae Historia*, Corpus Fontium Historiae Byzantinae 11/1 (Berlin and New York, 1975), 72, 77–82, 86–88, 130, 170–172.

Gautier, P. (ed.), *Théophylacte d'Achrida, Lettres*, Corpus Fontium Historiae Byzantinae 16/II (Thessalonica, 1986), no. 75, 398–401; no. 77, 404–413.

Grecu, V. (ed.), *Georgios Phrantzes Memorii 1401–1477*. În anexă *Pseudo–Phrantzes, Macarii Melisseni Chronicon 1258–1481*, Scriptores Byzantini 5 (Bucharest, 1966), 120.1–9; 122.7–11, 21–25; 124.4–14, 28–34; 126.32–34; 132.1; 138.19–26, 31–35; 142.26–31.

Haury, J. and G. Wirth (eds) *Procopii Caesariensis opera omnia*, vols 1–2, *De bellis*, libri I–VIII (Leipzig, 1962–63), III.13.21 (vol. 1, 372); VII.40.14–16 (vol. 2, 478); VIII.26.23 (vol. 2, 634).

Honigmann, E. (ed.), *Le Synekdèmos d'Hiéroklès et l'Opuscule Géographique de Georges de Chypre: texte, introduction, commentaire et cartes*, Corpus Bruxellense Historiae Byzantinae, Forma Imperii Byzantini, fasc. I (Brussels, 1939).

Hopf, C., *Chroniques gréco–romanes, inédites ou peu connues, publiées avec notes et tables généalogiques* (Berlin, 1873).

Hörandner, W. (ed.), *Theodoros Prodromos, Historische Gedichte*, Wiener Byzantinistische Studien 11 (Österreichische Akademie der Wissenschaften, Vienna, 1974), XXX.47–189, pp. 350–354; XLVIII.1–18, pp. 436–437; XLIX.1–20, pp. 438–439; L.1–39, pp. 440–441.

Kindt, B., 'La version longue du récit légendaire de l'évangélisation de l'île de Corfou par les saints Jason et Sosipatros', *Analecta Bollandiana* 116 (1998), 253–295.

Lesmüller-Werner, A. and I. Thurn, *Iosephi Genesii Regum libri quattor*, Corpus Fontium Historiae Byzantinae 14 (Berlin and New York, 1978), 83–85.

Lombardo, A. and R. Morozzo della Rocca (eds.), *Nuovi documenti del commercio veneto dei secoli XI–XIII*, Deputazione di Storia Patria per le Venezie 7 (Venice, 1953).

Maisano, R. (ed.), *Giorgio Sfranze, Cronaca*, Corpus Fontium Historiae Byzantinae 29 (Rome, 1990), 68.12–24; 162.1–8; 164.13–17; 166.1–5, 20–28; 168.13–19; 170.19–22; 176.24–25; 186.16–32; 192.13–15.

Malaterra, G., *De rebus gestis Rogerii Calabriae et Siciliae comitis et Roberti Guiscardi ducis fratris eius*, 5 vols, ed. E. Pontieri (Bologna, 1927–1928).

Miklosich, F. and J. Müller, *Acta et diplomata graeca medii aevi sacra et profana, Acta patriarchatus Constantinopolitani MCCCXV–MCCCCII*, 6 vols (Vienna, 1860–1890; and Aalen, 1968).

Moravcsik, G. and R. J. H. Jenkins (eds), *Constantinus Porphyrogenitus, De administrando imperio*, Corpus Fontium Historiae Byzantinae 1 (Washington DC, 1967).

Morozzo della Rocca, R. and A. Lombardo, *Documenti del commercio veneziano nei secoli XI–XIII*, Documenti e Studi per la Storia del Commercio e del Diritto Commerciale Italiano XIX, 2 vols (Turin, 1940).

Mustoxidis, A., *Delle cose Corciresi (Τα Κερκυραϊκά)* (Corfu, 1848; and Athens, 2000).
Nesbitt, J. and N. Oikonomides, *Catalogue of Byzantine Seals at Dumbarton Oaks and in the Fogg Museum of Art*, vol. 2: *South of the Balkans, the Islands, South of Asia Minor* (Washington DC, 1994).
Oikonomidès, N., *Les listes de préséance byzantines des IXe et Xe siècles* (Paris, 1972).
Pertusi, A. (ed.), *Costantino Porfirogenito, De thematibus*, Studi e Testi 160 (Vatican City, 1952).
Pozza, M. and G. Ravegnani (eds), *I trattati con Bisanzio 992–1198*, Pacta Veneta 3 (Venice, 1993).
Reinsch, D. R. and A. Kambylis (eds), *Anna Comnenae Alexias*, Corpus Fontium Historiae Byzantinae 40 (Berlin and New York, 2001), I.xvi, 50–51; III.xxii, 116–119; VI.v, 175–180; XI.x, 350–353; XI.xii, 356–358.
Rossi Taibbi, G. (ed.), *Vita di Sant'Elia il Giovane: testo inedito con traduzione italiana*, Istituto Siciliano di Studi Bizantini e Neoellenici, Testi 7, Vite dei santi siciliani III (Palermo, 1962), 38–39, 44, 48, 56, 58, 67–74, 106, 110, 116–118, 509–514.
Schirò, G. (ed. and tr.), *Cronaca dei Tocco di Cefalonia di Anonimo*, Corpus Fontium Historiae Byzantinae 10 (Rome, 1975).
Scholz, C., *Graecia Sacra. Studien zur Kultur des mittelalterlichen Griechenland im Spiegel hagiographischer Quellen*, Studien und Texte zur Byzantinistik 3 (Frankfurt, 1997).
Seibt, W. and I. N. Seibt, 'Die sphragistischen Quellen zum byzantinischen Thema Nikopolis', *Nicopolis I: Proceedings of the First International Symposium on Nicopolis (23–29 September 1984)*, ed. E. Chrysos (Preveza, 1987), 327–347.
Ševčenko, I. (ed.), *Chronographiae quae Theophanis Continuati nomine fertur Liber quo Vita Basilii Imperatoris amplectitur*, Corpus Fontium Historiae Byzantinae 42 (Berlin, 2011), 62.5, 220–221.
Tafel, G. L. F. and G. M. Thomas, *Urkunden zur älteren Handels- und Staatsgeschichte der Republik Venedig mit besonderer Beziehung auf Byzanz und die Levante vom neunten bis zum Ausgang des fünfzehnten Jahrhunderts*, 3 vols (Vienna, 1856; Amsterdam, 1964).

Thiriet, F., *Régestes des délibérations du Sénat de Venise concernant la Romanie*, 1. *1329–1399*, 2. *1400–1430* (Paris, 1958).
———, *Délibérations des assemblées vénitiennes concernant la Romanie*, 1. *1160–1363*, 2. *1364–1463* (Paris, 1971).
Thurn, I., (ed.), *Ioannis Scylitzae Synopsis historiarum*, Corpus Fontium Historiae Byzantinae 5 (Berlin and New York, 1973), 154, 348, 385–386.
Tsatsoulis, C., 'Some remarks on the date of creation and the role of the maritime theme of Cephalonia (end of the 7th–11th century)', *Studies in Byzantine Sigillography* 11 (2012), 153–172.
Ven, P. van den, *La légende de S. Spyridon, évêque de Trimithonte* (Leuven, 1953).
Yannopoulos, P. A., 'Un sceau byzantin du stratège de Céphalonie trouvé à Argos', *Bulletin de Correspondance Hellénique* 108 (1984), 615–618.

See also 4.1 Αγγελομάτη-Τσουγκαράκη et al., *Εμμανουήλ Τοξότης*; 4.1 Βλάχου et al., *Πέτρος Αγαπητός*; 4.1 Ζαρίδη et al., 'Οι πράξεις του… Νικολάου Γερασίμου'; 4.1 Καρύδης, Σπ. Χρ., *Θεόδωρος Βρανιανάτης*; 4.1 Κονιδάρης et al., 'Οι πράξεις του… Ιωάννη Χοντρομάτη'; 4.1 Λίτσας et al., *Δημήτριος Φαρμάκης*; 4.1 Παπαρρήγα-Αρτεμιάδη et al., 'Οι πράξεις του… Φιλίππου Κατωϊμέρη'; 4.1 Πεντόγαλος, *Γεώργιος Μόσχος*'; 4.1 Παπαρρήγα–Αρτεμιάδη et al., 'Οι πράξεις του νοταρίου Καρουσάδων'; 4.1 Ροδολάκης and Παπαρρήγα-Αρτεμιάδη, 'Οι πράξεις του… Πέτρου Βαραγκά'; 4.2 Πεντόγαλος, 'Ανέκδοτα έγγραφα του ΙΕ΄ αιώνα' 6.1 Ζαπάντη, *Γιάκουμος Σουριανός*; 6.1 Ζαπάντη, *Γεώργιος Βλασσόπουλος*; 6.1 Ζαπάντη, *Μοντεσάντος*; 6.1 Μοσχονάς et al., *Νικόλαος Καπιάνος*. 6.1 Μοσχονάς et al., *Ανδρέας Αμάραντος*.

2.0
OLDER BIBLIOGRAPHIES AND BIBLIOGRAPHICAL STUDIES

Γιωτοπούλου-Σισιλιάνου, Ε., 'Προσθήκες στην Ιόνια Ιστορική Βιβλιογραφία 1965-1978', *Δελτίον Αναγνωστικής Εταιρείας Κερκύρας* 22 (1988), 129-176.

Δρούλια, Λ. and Β. Κόντη, *Ηπειρωτική Βιβλιογραφία 1571-1980*, vol. 1: *Αυτοτελή δημοσιεύματα*, Κέντρο Νεοελληνικών Ερευνών, Εθνικό Ίδρυμα Ερευνών 30 (Athens, 1984).

Καρύδης, Σπ., 'Βιβλιογραφικά', *Ο Ερανιστής/The Gleaner* 27 (2009), 27-52.

Κόντη, Β., *Ηπειρωτική βιβλιογραφία*, vol. 2: *Κατάλογος εφημερίδων και περιοδικών, 1866-1980*; vol. 3: *Μελέτες και άρθρα, 1811-1980*, Κέντρο Νεοελληνικών Ερευνών, Εθνικό Ίδρυμα Ερευνών 70-71 (Athens, 1999).

Μοσχονά, Π. Ν. and Ι. Τσούτσου-Δημοπούλου, 'Ιόνια Ιστορική Βιβλιογραφία', *Κερκυραϊκά Χρονικά* 25 (1981), 13-83.

Μπώκος, Γ. Δ., 'Προσθήκες στην Ιονική βιβλιογραφία (1799-1811)', *Τετράδια Εργασίας* 10 (Ινστιτούτο Βυζαντινών Ερευνών, Εθνικό Ίδρυμα Ερευνών, 1988), 509-529.

Παπαδόπουλος, Θ. Ι., *Ιονική βιβλιογραφία/Bibliographie Ionienne 16ος-19ος αιώνας: ανακατάταξη, προσθήκες, βιβλιοθήκες*, 2nd edn, vol. 1: *1508-1863*, (Athens, 1998); vol. 2: *1851-1880* (Athens, 2000); vol. 3: *1881-1900 και αχρονολόγητα – επιπροσθήκες – ευρετήρια* (Athens, 2002).

Πυλαρινός, Θ., *Δελτίο(ν) Αναγνωστικής Εταιρίας Κερκύρας: Ευρετήριο* (Αναγνωστική Εταιρεία Κερκύρας, Corfu, 2015).

Dimaras, C. T., 'Supplément à la Bibliographie Ionienne', *Δελτίον της Ιονίου Ακαδημίας* 1 (1977), 215-313.

Legrand, É., 'Bibliographie ionienne [Suppléments]', ed. Κ. Μούχας, *Δελτίον Αναγνωστικής Εταιρείας Κερκύρας* 8 (1971), 5-6; 9 (1972), 115-122.

Legrand, É. and H. O. Pernot, *Bibliographie ionienne: description raisonnée des ouvrages publiés par les Grecs des Sept-Îles, ou concernant ces îles, du quinzième siècle à l'année 1900*, 2 vols (Paris, 1910; and Bruxelles, 1963).

Pierris, N., *Bibliographie Ionienne: suppléments à la description raisonnée des ouvrages publiés par les Grecs des Sept-Îles ou concernant ces îles du quinzième siècle à l'année 1900 par Émile Legrand, œuvre posthume complétée et publiée par Hubert Pernot* (Athens, 1966).

See also 4.2 Καρύδης, 'Το σκήνωμα'.

3
STUDIES OF THE IONIAN ISLANDS REGION AND BROADER STUDIES THAT INCLUDE THE IONIAN ISLANDS

3.1 : POLITICAL AND GENERAL HISTORY

Ανδρεάδης, Α. Μ., *Οικονομικαί μελέται περί της Επτανήσου. Περί της οικονομικής διοικήσεως της Επτανήσου επί Βενετοκρατίας*, 2 vols (vol. 1: *Μέρος Γενικόν*; vol. 2: *Μέρος Ειδικόν*), Βιβλιοθήκη Ιστορικών Μελετών (Athens, 1914 [Εστία]; and Athens, 1944 [Βιβλιοπωλείο Δ. Ν. Καραβία]).

Ασωνίτης, Σπ. Ν., *Το Νότιο Ιόνιο κατά τον Όψιμο Μεσαίωνα, Κομητεία Κεφαλληνίας, Δουκάτο Λευκάδας, Αιτωλοακαρνανία* (Athens, 2004).

———, 'Τα Ιόνια Νησιά κατά τον Μεσαίωνα', *Ευρετήριο των βυζαντινών τοιχογραφιών της Ελλάδος: Ιόνια νησιά*, ed. Π. Λ. Βοκοτόπουλος, Π. Δημητρακοπούλου, Δ. Ρηγάκου, Δ. Δ. Τριανταφυλλόπουλος and Ι. Π. Χουλιαράς (Academy of Athens, 2018), 19–42.

Βλυσίδου, Β., Σ. Λαμπάκης, Μ. Λεοντσίνη and Τ. Λουγγής, *Βυζαντινά στρατεύματα στη Δύση (5ος–11ος αι.): έρευνες πάνω στις χερσαίες και ναυτικές επιχειρήσεις: σύνθεση και αποστολή των βυζαντινών στρατευμάτων στη Δύση* (Ινστιτούτο Βυζαντινών Ερευνών, Εθνικό Ίδρυμα Ερευνών, Athens, 2008).

Γασπαρινάτος, Σπ. Γ., *Η Βενετοκρατία στα νησιά του Ιονίου Πελάγους* (Athens, 2009).

———, 'Οι εβραϊκές κοινότητες στα Ιόνια Νησιά επί Βενετοκρατίας', Κεντρικό Ισραηλιτικό Συμβούλιο της Ελλάδος: *Χρονικά* 227 (2010), 15–17.

Γαστεράτος, Γ., 'Το θέμα Κεφαλληνίας και η Κέρκυρα κατά τον 10ο αιώνα', *Ι΄ Διεθνές Πανιόνιο Συνέδριο, Κέρκυρα, 30 Απριλίου – 4 Μαΐου 2014, Τα Πρακτικά, Ι: Ιστορία ενότητες Α΄ και Β΄*, ed. Θ. Πυλαρινός and Π. Τζιβάρα: *Κερκυραϊκά Χρονικά*, περ. Β΄, 8 (2015), 511–522.

Γιαρένης, Η., 'Το Βόρειο Ιόνιο ως χώρος μέσα από τα βυζαντινά αγιολογικά κείμενα', *Ι΄ Διεθνές Πανιόνιο Συνέδριο, Κέρκυρα, 30*

Απριλίου – 4 Μαΐου 2014, Τα Πρακτικά, Ι: Ιστορία ενότητες Α΄ και Β΄, ed. Θ. Πυλαρινός and Π. Τζιβάρα: *Κερκυραϊκά Χρονικά*, περ. Β΄, 8 (2015), 567–586.

Γρηγορίου-Ιωαννίδου, Μ., 'Η Βυζαντινή εκστρατεία κατά των Νορμανδών στην Ιταλία επί Μανουήλ Α΄ Κομνηνού (1143-1180): Μερικές παρατηρήσεις στην αφήγηση του Ιωάννη Κίνναμου και του Νικήτα Χωνιάτη', *Βυζαντιακά* 20 (2000), 199–219.

Δρακούλης, Δ. Π., 'Το δίκτυο οικισμών της Επαρχίας Παλαιάς Ηπείρου στην πρώιμη βυζαντινή περίοδο', *Βυζαντινά* 29 (2009), 243–248.

Ζακυθηνός, Δ. Α., 'Επτανησιακά σημειώματα', *Ιόνιος Ανθολογία* 4.41–42 (1930), 22–24.

———, 'Μελέται περί της διοικητικής διαιρέσεως και της επαρχιακής διοικήσεως εν τω βυζαντινώ κράτει', *Επετηρίς Εταιρείας Βυζαντινών Σπουδών* 17 (1941), 208–274; 21 (1951), 179–209; and 25 (1955), 205.

———, 'Διά την οργάνωσιν των ιστορικών σπουδών τής Επτανήσου', *Β΄ Πανιόνιον Συνέδριον, Πρακτικά — Ανακοινώσεις*: *Κερκυραϊκά Χρονικά* 13 (1967), 27–33.

———, 'Αι ιστορικαί τύχαι της Επτανήσου και η διαμόρφωσις του επτανησιακού πολιτισμού', *Παρνασσός* 7.3 (1965), 333–350; and *Γ΄ Πανιόνιον Συνέδριον, Πρακτικά* (Athens, 1969), vol. 2, 357–380.

Ζάχου, Β., 'Η σημασία του Ιονίου κατά τη διάρκεια των νορμανδικών επιχειρήσεων εναντίον του Βυζαντίου', *ΙΑ΄ Διεθνές Πανιόνιο Συνέδριο, Επτανησιακός Βίος και Πολιτισμός, Κεφαλονιά, 21–25 Μαΐου 2018, Πρακτικά,* ed. Η. Τουμασάτος and Γ. Ν. Μοσχόπουλος (Argostoli, 2019), vol. 1, 177–192.

———, 'Πολιτική ιστορία των Επτανήσων, 11ος–15ος αιώνας', *Εγχειρίδιο ιστορίας Ιονίων νήσων,* ed. Θ. Γ. Παππάς (Corfu, 2019), 121–150.

Ζάχου, Β.-Κ., *Η γεωπολιτκή σημασία του χώρου της Αδριατικής και του Ιονίου (11ος–12ος αιώνας): διπλωματική τεκμηρίωση* (Athens, 2016).

Καιροφύλλας, Κ., *Η Επτάνησος υπό τους Βενετούς* (Athens, 1942).

Καραπιδάκης, Ν. Ε., 'Αντί του έθνους η πόλη: Η ιστορία πριν από τα Φώτα', *Ο Ερανιστής / The Gleaner* 21 (1997), 19–30.

Κοσκινάς, Α., *Ιστορία των Κερκυραίων,* vol. Β1: *Πρότερος και Κλασσικός Μεσαίωνας (685–1071 μ.Χ.)* (Corfu, 2013).

Λάζαρη, Σ., Δ. Ανωγιάτης and Μ. Μπότσης, 'Επτάνησα: ο τόπος και οι άνθρωποι', *Εγχειρίδιο ιστορίας Ιονίων νήσων*, ed. Θ. Γ. Παππάς (Corfu, 2019), 49–92.

Λεοντσίνη, Μ., 'Πολιτικές μεταβολές και εκκλησιαστική διοίκηση στο Ιόνιο (6ος–11ος αι.)', *Ζ΄ Πανιόνιο Συνέδριο, Λευκάδα 26–30 Μαΐου 2002, Πρακτικά*, vol. 1 (Athens, 2004), 453–468.

———, 'Οι βυζαντινοί στόλοι στα νερά του Ιονίου πελάγους, 6ος–12ος αιώνας', *Ι΄ Διεθνές Πανιόνιο Συνέδριο, Κέρκυρα, 30 Απριλίου – 4 Μαΐου 2014, Τα Πρακτικά, Ι: Ιστορία ενότητες Α΄ και Β΄*, ed. Θ. Πυλαρινός and Π. Τζιβάρα: *Κερκυραϊκά Χρονικά*, περ. Β΄, 8 (2015), 523–540.

Μοσχονάς, Ν., 'Η εβραϊκή διασπορά στο Ιόνιο (12ος–16ος αιώνας)', *Η Εβραϊκή παρουσία στον ελλαδικό χώρο (4ος–19ος αι.)*, ed. Α. Λαμπροπούλου and Κ. Τσικνάκης (Athens, 2008), 97–121

———, 'Τροπισμοί της κοινωνίας των νησιών του Ιονίου στη μεταβυζαντινή περίοδο', *Μνήμη Δ. Α. Ζακυθηνού: Σύμμεικτα* 9 (1994), 51–82.

Νιαβής, Π., 'Πόσο ελεύθερη επιλογή υπήρξε για το Βυζάντιο η ίδρυση του θέματος Κεφαλληνίας;', *Ε΄ Διεθνές Πανιόνιο Συνέδριο, Αργοστόλι–Ληξούρι, 17–21 Μαΐου 1986, Πρακτικά* (Argostoli, 1989), vol. 1, 43–47.

Ντούρου-Ηλιοπούλου, Μ., *Από τη Δυτική Ευρώπη στην Ανατολική Μεσόγειο. Οι σταυροφορικές ηγεμονίες στη Ρωμανία (13ος–15ος αιώνας): πολιτικές και θεσμικές πραγματικότητες* (Athens, 2012).

Παγκράτης, Γ. Δ., *Κοινωνία και οικονομία στο βενετικό Κράτος της Θάλασσας: οι ναυτιλιακές επιχειρήσεις στην Κέρκυρα (1496–1538)* (Athens, 2013).

——— (ed.), *Πόλεμος, κράτος και κοινωνία στο Ιόνιο Πέλαγος (τέλη 14ου – αρχές 19ου αιώνα)* (Athens, 2018).

Παππάς, Θ. Γ. and Η. Γιαρένης, 'Η ιστορική διαδρομή: από την αρχαιότητα έως τη βυζαντινή περίοδο', *Εγχειρίδιο ιστορίας Ιονίων νήσων*, ed. Θ. Γ. Παππάς (Corfu, 2019), 93–120.

Σαββίδης, Α., 'Το βυζαντινό ναυτικό θέμα Κεφαλληνίας και οι Νορμανδοί τον 11ο και 12ο αιώνα', *Ε΄ Διεθνές Πανιόνιο Συνέδριο, Αργοστόλι–Ληξούρι, 17–21 Μαΐου 1986, Πρακτικά* (Argostoli, 1989), vol. 1, 49–57; and Α. Σαββίδης, *Μελετήματα βυζαντινής προσωπογραφίας και τοπικής ιστορίας* (Athens, 1992), no. 21.

———, *Τα Βυζαντινά Επτάνησα (11ος – αρχές 13ου αιώνα)*, 2nd edn (Athens, 2007).

Σταυρίδου-Ζαφράκα, Α., 'Τα Ιόνια νησιά κατά το πρώτο μισό του 13ου αιώνα', *ΣΤ´ Διεθνές Πανιόνιο Συνέδριο, Ζάκυνθος, 23–27 Σεπτεμβρίου 1997, Πρακτικά*, vol. 2 (Athens, 2001), 41–52.

Συγκέλλου, Ε., *Ο πόλεμος στον δυτικό ελλαδικό χώρο κατά τον Ύστερο Μεσαίωνα (13ος–15ος αι.)* (Athens, 2008).

———, 'Ο ναυτικός πόλεμος στο Ιόνιο κατά τον Μεσαίωνα αιώνας', *Ι´ Διεθνές Πανιόνιο Συνέδριο, Κέρκυρα, 30 Απριλίου – 4 Μαΐου 2014, Τα Πρακτικά, Ι: Ιστορία ενότητες Α´ και Β´*, ed. Θ. Πυλαρινός and Π. Τζιβάρα: *Κερκυραϊκά Χρονικά*, περ. Β´, 8 (2015), 493–509.

Tsiknakis, K., 'La presenza veneziana nello Ionio e nelle Cicladi (XIII–XVIII sec.)', *Isole Ionie e Cicladi: Venezia tra repubblica e feudalità*, ed. M. Scroccaro (Milan, 2011), 27–37.

Τυπάλδος, Ι., 'Η κατά τας Ιονίους νήσους φεουδοκρατία', *Χρυσαλλίς* 2 (1864), 499–502, 513–518, 588–593.

Φακιολάς, Ρ., 'Επισκόπηση των πολιτικών και οικονομικών εξελίξεων στα Επτάνησα (14ος έως 20ος αι.)', *Πρακτικά Β´ Συνεδρίου Επτανησιακού Πολιτισμού* (Athens, 1991), 57–79.

Χρυσός, Ε., 'Πρωτοβυζαντινή περίοδος (4ος–6ος αι.)', *Ήπειρος: 4000 χρόνια ελληνικής ιστορίας και πολιτισμού*, ed. Μ. Β. Σακελλαρίου (Athens, 1997), 148–165.

———, 'Μέση Βυζαντινή περίοδος (6ος αι.–1204)', *Ήπειρος: 4000 χρόνια ελληνικής ιστορίας και πολιτισμού*, ed. Μ. Β. Σακελλαρίου (Athens, 1997), 182–190.

———, 'Το Ιόνιο Πέλαγος, γέφυρα Ανατολής και Δύσης', *Αχαΐα και Νότιος Ιταλία: επικοινωνία, ανταλλαγές και σχέσεις από την Αρχαιότητα ως σήμερα: Πρακτικά Συνεδρίου, Αίγιο, 6–9 Ιουλίου 2006*, ed. Λ. Δρούλια and Α. Ριζάκης /*L'Acaia e l'Italia meridionale. Contatti, scambi e relazioni dall'antichità ai nostri giorni. Atti del Convegno, Eghio, 6–9 Luglio 2006* (Athens, 2011), 48–57.

Ahrweiler, H., *Byzance et la mer: la marine de guerre, la politique et les institutions maritimes de Byzance aux VIIe–XVe siècles* (Paris, 1966).

Arbel, B., 'Introduction', to 'Minorities in colonial cettings: the Jews in Venice's Hellenic territories', ed. B. Arbel, *Mediterranean Historical Review* 27/2 (2012), 117–128.

Asdrachas, S. I., 'L'économie rurale dans les îles ioniennes pendant la domination vénitienne: une esquisse générale', *Venezia e le isole Ionie*, ed. C. Maltezou and G. Ortalli (Venice, 2005), 233–239.

Asonites, S. N., 'The Ionian Islands during the late medieval times', *History and culture of the Ionian Islands*, ed. T. Pylarinos (Athens, 2007), 297–302.

Balard, M., *La Romanie génoise (XIIe – début du XVe siècle)*, 2 vols (Genoa, 1978).

Benton, S., 'The Ionian Islands', *Annual of the British School at Athens* 32 (1934), 213–246.

———, 'Les îles ioniennes', *La Révue Française* 53 (1954), 1–4.

Brand, C., *Byzantium confronts the West, 1180–1204* (Cambridge MA, 1968).

Costantini, M., 'Le isole Ionie nel sistema marittimo veneziano nel medioevo', *Venezia e le isole Ionie*, ed. C. Maltezou and G. Ortalli (Venice, 2005), 141–164.

Cvetković, M., 'The settlement of the Mardaites and their military–administrative position in the themata of the West: a chronology', *Zbornik Radova Vizantološkog Instituta* 54 (2017), 65–85.

Ducellier, A., 'L'Adriatique du IVe au XIIe siècle', *Histoire de l'Adriatique*, ed. P. Cabanes (Paris, 2001), 109–199.

Frankopan, P., 'Byzantine trade privileges to Venice in the eleventh century: the chrysobull of 1092', *Journal of Medieval History* 30 (2004), 135–160.

———, *The First Crusade: the call from the East* (Cambridge MA, 2016).

Gasparis, C., 'Land and landowners in the Greek territories under Latin dominion: 13th–14th centuries', *A companion to Latin Greece*, ed. N. I. Tsougarakis and P. Lock (Leiden and Boston, 2015), 73–113.

Georgopoulou, M., 'The landscape of medieval Greece', *A companion to Latin Greece*, ed. N. I. Tsougarakis and P. Lock (Leiden and Boston, 2015), 326–368.

Gertwagen, R., 'Does naval activity — military and commercial — need artificial ports? The case of Venetian harbours and ports in the Ionian and Aegean Sea till 1500', *Festschrift in Honour of V. Christides*, ed. G. K. Livadas, *Graeco–Arabica* 9–10 (2004), 163–181.

———, 'Venice's policy towards the Ionian and Aegean Islands, c. 1204–1423', *International Journal of Maritime History* 26 (2014), 529–548.

———, 'Fights between Venice and Genoa over the control of Ionian Sea lanes (late 14th to mid-15th century)', *Πόλεμος, κράτος και κοινωνία στο Ιόνιο Πέλαγος (τέλη 14ου – αρχές 19ου αιώνα)*, ed. Γ. Παγκράτης (Athens, 2018), 145–190.

Giarenis, I., 'The Ionian Islands during the Byzantine period', *History and culture of the Ionian Islands*, ed. T. Pylarinos (Athens, 2007), 285–287.

Gubernatis, E. de, *Memorie Italiane nelle Isole Jonie: mostra 'Gli Italiani all'Estero'* (Milan, 1908).

Kislinger, E., 'Reisen und Verkehrswege zwischen Byzanz und dem Abendland vom neunten bis in die Mitte des elften Jahrhunderts', *Byzanz und das Abendland im 10. und 11. Jahrhundert*, ed. E. Konstantinou (Cologne, 1997), 231–257.

———, 'Dyrrhachion und die Küsten von Epirus und Dalmatien im frühen Mittelalter: Beobachtungen zur Entwicklung der byzantinischen Oberhoheit', *Millennium* 8 (2011), 313–352.

Kolyva-Karaleka, M., 'La penetrazione della Repubblica Veneta nella contea palatina degli Orsini e nel ducato dei di Tocco nelle Isole Ionie: dalla quarta crociata alla prima guerra venetoturca', *Ιταλοελληνικά: Rivista di Cultura Greco-Moderna* 1 (1988), 75–86.

Leontsini, M. 'The Ionian Islands during the Byzantine period: an overview of their history and monuments', *The Ionian Islands: aspects of their history and culture*, ed. A. Hirst and P. Sammon (Newcastle upon Tyne, 2014), 26–62.

———, 'Horizontal or diagonal. Latent axes and communication points in the Adriatic and Ionian seas during the sixth century', (Institute of Historical Research/National Historical Research Foundation, Athens, 2015). http://kyrtouplegmata.eie.gr/images/library/EE1_vivlia%20etc/ EE1_2%20Leontsini.pdf.

Lunzi, E., *Della condizione politica delle Isole Jonie: sotto il dominio veneto preceduta da un compendio della storia delle Isole stesse dalla divisione dell'impero Bizantino, di Ermanno co. Lunzi versione con note di Marino Dr. Typaldo–Foresti e Nicolo Barozzi, riveduta ed aumentata dall'autore* (Venice, 1858).

Mackridge, P., 'Introduction', *The Ionian Islands: aspects of their history and culture*, ed. A. Hirst and P. Sammon (Newcastle upon Tyne, 2014), 1–10.
Magdalino, P., 'Between Romaniae: Thessaly and Epirus in the Later Middle Ages', *Latins and Greeks in the Eastern Mediterranean after 1204*, ed. B. Arbel, B. Hamilton and D. Jacoby (London, 1989), 87–110.
———, *The Empire of Manuel I Komnenos, 1143–1180* (Cambridge, 1993).
Malamut, E., *Les îles de l'Empire byzantin viiie–xiie siècles*, Byzantina Sorbonensia 8, 2 vols (Paris, 1988).
———, *Sur la route des saints byzantins* (Paris, 1993).
McCormick, M., *Origins of the European economy: communications and commerce A.D. 300–900* (Cambridge, 2001).
Miller, W., 'The Ionian Islands under Venetian rule', *English Historical Review* 18 (1928), 309–239.
Müller, R. C., 'A Venetian commercial enterprise in Corfu, 1440–1442', Χρήμα και αγορά στην εποχή των Παλαιολόγων, Διεθνές Επιστημονικό Συμπόσιο, Χαλκίδα, 22–24 Μαΐου 1998, ed. N. Μοσχονάς, (Εθνικό Ίδρυμα Ερευνών, Ινστιτούτο Βυζαντινών Ερευνών, Athens, 2003), 81–95.
Nicol, D. M., *The Despotate of Epiros 1267–1479: a contribution to the history of Greece in the Middle Ages* (Cambridge, 1984).
Oikonomidès, N., 'Constantin VII Porphyrogénète et les thèmes de Céphalonie et de Longobardie', *Revue des Études Byzantines*, 23 (1965), 118–123; and N. Oikonomidès, *Documents et études sur les institutions de Byzance*, Variorum Reprints (London, 1976), no. XI.
Osswald, B., 'L'expansion territoriale ottomane en Épire et dans les îsles Ioniennes (XIVe–XVe siècles)', Ηπειρωτικά Χρονικά 40 (2006), 341–364.
Pagratis, G. D., 'The Venetian Rule in the Ionian Islands', *History and culture of the Ionian Islands*, ed. T. Pylarinos (Athens, 2007), 303–307.
Panayotov, A., 'Jews and Jewish communities in the Balkans and the Aegean until the twelfth century', *The Jewish–Greek Tradition in Antiquity and the Byzantine Empire*, ed. J. Aitken and J. Carleton Paget (Cambridge, 2014), 54–76.

Papadia-Lala, A., 'Society, administration and identities in Latin Greece', *A companion to Latin Greece*, ed. N. I. Tsougarakis and P. Lock (Leiden and Boston, 2015), 114–144.

Politis, J. N., *Corfou et les îles ioniennes* (Paris, 1964).

Prigent, V., 'Notes sur l'évolution de l'administration byzantine en Adria-tique (VIIIe–IXe siècle)', Mélanges de l'École Française de Rome: Moyen Âge 120 (2008), 393–417.

Prinzing, G., 'Epirus und die ionischen Inseln im Hochmittelalter: zur Geschichte der Region im Rahmen des Themas Nikopolis und der Inselthemen Kerkyra und Kephallenia im Zeitraum ca. 1000–1204', *Südost-Forschungen* 56 (1997), 1–25.

———, 'Epiros 1204–1261: historical outline – sources – Prosopography', *Identities and allegiances in the Eastern Mediterranean after 1204*, ed. J. Herrin and G. Saint-Guillain (Farnham, 2011), 81–99.

Pryor, J. H. and E. M. Jeffreys, *The age of the δρόμων: the Byzantine navy ca. 500–1204*, The Medieval Mediterranean: Peoples, Economies and Cultures 62 (Leiden and Boston, 2006).

Rigakou, D., 'I monumenti veneziani delle isole ionie. Tutela e valorizzazione', *Isole Ionie e Cicladi: Venezia tra repubblica e feudalità*, ed. M. Scroccaro (Milan, 2011), 39–59.

Savvidis, A. G. C., 'Notes on the Ionian Islands and Islam in the Byzantine and post-Byzantine periods (Arab and Ottoman raids)', *Journal of Oriental and African Studies* 12 (2003), 63–76.

———, 'Yedi Adalar', *Encyclopaedia of Islam*, ed. P. Bearman, T. Bianquis, C. E. Bosworth, E. van Donzel and W. P. Heinrichs, 2nd edn (Leiden, 2004), suppl. vol XII, 835–837.

———, *Byzantino-Normannica: the Norman capture of Italy (to A.D. 1081) and the first two invasions in Byzantium (A.D. 1081–1085 and 1107–1108)*, Orientalia Lovaniensia Analecta 165 (Leuven, 2007).

———, 'An overview of the history of the Ionian "Seven Islands" ("Yedi adalar") with reference to their connections with Arabic and Turkish Islam in the Middle/Late Byzantine and Post-Byzantine periods', *Πόλεμος, κράτος και κοινωνία στο Ιόνιο Πέλαγος (τέλη 14ου – αρχές 19ου αιώνα)*, ed. Γ. Δ. Παγκράτης (Athens, 2018), 525–556.

Schirò, G., 'Contributo alla storia delle isole ioniche all'epoca dei Tocco (sec. xiv–xv)', *Γ΄ Πανιόνιον Συνέδριον, Πρακτικά* (Athens, 1969), 235–244.

Segre, R., 'Ebrei a Corfu nel primo secolo della dominazione veneziana', *Θησαυρίσματα/Thesaurismata* 45 (2015), 501–515.

Soustal, P. and J. Koder, *Nikopolis und Kephallenia*, Tabula Imperii Byzantini 3 (Vienna, 1981).

Theotokis, G., *The Norman campaigns in the Balkans, 1081–1108* (Woodbridge, MA, 2014).

Thiriet, F., *La Romanie vénitienne au moyen âge. Le développement et l'exploitation du domaine colonial vénitien (XIIe–XVe siècles)*, Bibliothèque des Écoles Françaises d'Athènes et de Rome 193 (Paris, 1959).

———, 'Les interventions vénitiennes dans les îles Ioniennes au XIVe siècle', *Πρακτικά Τρίτου Πανιονίου Συνεδρίου, Athens, 1967*, vol. 1, 374–385; and F. Thiriet, *Études sur la Romanie greco–vénitienne Xe–XVe siècles*, Variorum Reprints (London, 1977), no. X.

Tsatsoulis, C., 'Some remarks on the date of creation and the role of the maritime theme of Cephalonia (end of the 7th–11th century)', *Studies in Byzantine Sigillography* 11 (2012), 153–172.

Tsiknakis, K., 'La presenza veneziana nello Ionio e nelle Cicladi (XIII–XVIII sec.)', *Isole Ionie e Cicladi: Venezia tra repubblica e feudalità*, ed. M. Scroccaro (Milan, 2011).

Veikou, M., *Byzantine Epirus: a topography of transformation: settlements of the seventh–twelfth centuries in Southern Epirus and Aetoloacarnania, Greece*, The Medieval Mediterranean 95 (Leiden, 2012).

———, 'Byzantine histories, settlement stories: kastra, "isles of refuge", and "unspecified settlements" as in-between or third spaces', *Οι βυζαντινές πόλεις, 8ος–15ος αιώνας: προοπτικές της έρευνας και νέες ερμηνευτικές προσεγγίσεις*, ed. Τ. Κιουσοπούλου (Rethymno, 2012), 159–205.

Veronese, P., *La dominazione veneziana nelle Isole Ionie* (Corfu, 1943).

3.2
RELIGIOUS STUDIES
AND ECCLESIASTICAL HISTORY

Αβούρης, Σπ. Ν., *Σύντομος ιστορία της Εκκλησίας των Ιονίων νήσων* (Athens, 1966).
Αλιβιζάτος, Α., 'Η θρησκευτικότης και οι άγιοι της Επτανήσου', *Νέα Εστία* 899 (1964), 40–47.
Ζακυθηνός, Δ. Α., 'Ο αρχιεπίσκοπος Άντελμος και τα πρώτα έτη της Λατινικής εκκλησίας Πατρών', *Επετηρίς Εταιρείας Βυζαντινών Σπουδών* 10 (1933), 401–417.
Καρύδης, Σπ. Χρ., *Όψεις της εκκλησιαστικής οργάνωσης στον βενετοκρατούμενο ελληνικό χώρο,* vol. 1: *Ζάκυνθος, Κέρκυρα, Κεφαλληνία, Κύθηρα, Πελοπόννησος* (Athens, 2011).
Κούρκουλας, Κ. Κ., 'Η εκκλησιαστική ρητορεία εις τα Επτάνησα από του ΙΓ΄ μέχρι του ΙΘ΄ αιώνος', *Παρνασσός* 6 (1964), 323–340.
Λιβαθυνόπουλος, Π., 'Η διάδοσις του Χριστιανισμού στα Επτάνησα', *Β΄ Πανιόνιο Συνέδριο, Πρακτικά: Κερκυραϊκά Χρονικά* 13 (1967), 176–181.
Μαλτέζου, Χρ., 'Nazione Greca και Cose Sacre. Λείψανα αγίων στον ναό του Αγ. Γεωργίου της Βενετίας', *Θησαυρίσματα/Thesaurismata* 29 (1999), 9–31.
Μεταλληνός, Δ., 'Θρησκευτική ιστορία των Ιόνιων νησιών', *Εγχειρίδιο ιστορίας Ιονίων νήσων,* ed. Θ. Γ. Παππάς (Corfu, 2019), 489–516.
———, 'Ιόνια νησιά, I: η Ορθόδοξη Εκκλησία του Ιονίου', *Μεγάλη Ορθόδοξη Χριστιανική Εγκυκλοπαίδεια,* vol. 9 (Athens, 2013), 19–20.
Παγκράτης, Γ. Δ., *Εκκλησία και κράτος στα βενετικά νησιά του Ιονίου Πελάγους* (Athens, 2009).
Πιτσάκης, Κ. Γ., 'Η Ανατολική Εκκλησία της βενετοκρατούμενης Επτανήσου: σε αναζήτηση μιας ανέφικτης κανονικότητας', *Ζ΄ Πανιόνιο Συνέδριο, Λευκάδα, 26–30 Μαΐου 2002, Πρακτικά,* vol. 1 (Athens, 2004), 481–512.
Τριανταφυλλόπουλος, Δ., 'Ιόνια νησιά, II: οι μητροπόλεις των Ιονίων νήσων', *Μεγάλη Ορθόδοξη Χριστιανική Εγκυκλοπαίδεια* (Athens, 2013), vol. 9, 20–37.

Kordoses, M. S., *Southern Greece under the Franks (1204–1262). a study of the Greek population and the Orthodox Church under the Frankish dominion: Δωδώνη*, Παράρτημα 33 (Ioannina, 1987).

Loukatos, D, 'La "Saint Nicolas de mai" en Grèce, ou réminiscences culturelles de la translation des reliques de Saint Nicolas de Myra à Bari (1087) à travers les eaux helléniques', *La Chiesa greca in Italia dall'VIII al XVI secolo, Atti del Convegno Storico Interecclesiale, Bari, 30 apr. –4 mag. 1969*, vol. 3 (Padua, 1972–1973), 1307–1317.

McCleary, N., 'Note storiche e archeologiche sul testo della "Translatio Sancti Marci"', *Memorie storiche forogiuliesi* 27–29 (1931–1932–1933), 225–264.

Metallinos, G. D., 'The ecclesiastical history of the Ionian Islands', *History and culture of the Ionian Islands*, ed. T. Pylarinos (Athens, 2007), 383–391.

Moulet, B., *Évêques, pouvoir et société à Byzance (VIIIe–XIe siècle): territoires, communautés et individus dans la société provinciale byzantine*, Byzantina Sorbonensia 25 (Paris, 2011).

Prinzing, G., 'The authority of the Church in uneasy times: the example of Demetrios Chomatenos, archbishop of Ohrid, in the state of Epiros, 1216–1236', *Authority in Byzantium*, ed. P. Armstrong (Farnham, 2013), 137–150.

Schabel, C., 'Antelm the Nasty, first Latin archbishop of Patras (1205 – ca. 1241)', *Diplomatics in the Eastern Mediterranean, 1000–1500: aspects of cross-cultural communication*, ed. A. D. Beihammer, M. G. Parani, and C. Schabel, (Leiden, 2008), 93–138.

Skoufari, E., 'Aspects of religious coexistence: the historiography of the Orthodox and Catholic Churches in the Ionian Islands during the period of Venetian domination', *The Ionian Islands: aspects of their history and culture*, ed. A. Hirst and P. Sammon (Newcastle upon Tyne, 2014), 264–275.

3.3
ART HISTORY

Βοκοτόπουλος, Π. Λ., 'Η Βυζαντινή τέχνη στα Επτάνησα', *Κερκυραϊκά Χρονικά* 15 (1970), 148–180.

―――, 'Το ευρετήριο βυζαντινών τοιχογραφιών Ιονίων Νήσων', *Η΄ Διεθνές Πανιόνο Συνέδριο, Χώρα Κυθήρων, 21–25 Μαΐου 2006, Πρακτικά* (Kythera, 2009), vol. 1, 151–162.

―――, 'Η μνημειακή ζωγραφική στα νησιά του Ιονίου κατά την μεσοβυζαντινή και την παλαιολόγειο περίοδο', *Ευρετήριο των βυζαντινών τοιχογραφιών της Ελλάδος: Ιόνια νησιά*, ed. Π. Λ. Βοκοτόπουλος, Π. Δημητρακοπούλου, Δ. Ρηγάκου, Δ. Δ. Τριανταφυλλόπουλος and Ι. Π. Χουλιαράς (Athens, 2018), 50–53.

―――, 'Το Ευρετήριο Βυζαντινών Τοιχογραφιών Ιονίων Νήσων', *ΙΑ΄ Διεθνές Πανιόνιο Συνέδριο, Επτανησιακός βίος και πολιτισμός,* Κεφαλονιά, 21–25 Μαΐου 2018, *Πρακτικά*, vol. 5, ed. Δ. Φ. Μαρκάτου (Argostoli, 2020), 473–480.

Βοκοτόπουλος, Π. Λ., Δ. Ρηγάκου, Π. Δημητρακοπούλου, Δ. Δ. Τριανταφυλλόπουλος and Ι. Π. Χουλιαράς (eds), *Ευρετήριο των βυζαντινών τοιχογραφιών της Ελλάδος: Ιόνια νησιά* (Athens, 2018).

Ζήβας, Δ. Α., 'Παρατηρήσεις στη θρησκευτική τέχνη των Επτανήσων', *Ε΄ Διεθνές Πανιόνιο Συνέδριο, Πρακτικά*, vol. 3 (Argostoli, 1991), 77–95.

Κακαβάς, Γ., 'Εικόνες του Βυζαντινού Μουσείου με το λείψανο ή τα θαύματα των αγίων Σπυρίδωνα, Γερασίμου και Διονυσίου: συμβολή στη μελέτη της τέχνης και της εικονογραφίας των Ιονίων νήσων', *ΣΤ΄ Διεθνές Πανιόνιο Συνέδριο, Ζάκυνθος, 23–27 Σεπτεμβρίου 1997, Πρακτικά*, vol. 4 (Athens, 2004), 397–412.

Πελεκανίδης, Στ. and Π. Ι. Ατζακά, *Σύνταγμα των παλαιοχριστιανικών ψηφιδωτών δαπέδων της Ελλάδος: Ι. Νησιωτική Ελλάς*, Κέντρον Βυζαντινών Ερευνών, Βυζαντινά Μνημεία 1 (Thessaloniki, 1974).

Τριανταφυλλόπουλος, Δ., 'Προβλήματα και προοπτικές για ένα σύνταγμα των τοιχογραφημένων ναών της Επτανήσου', *Δελτίον της Ιονίου Ακαδημίας* 2 (1986), 54–69.

Τριανταφυλλόπουλος, Δ. [*continued*], 'Ορθόδοξη Ανατολή και Λατινική Δύση: ένα καίριο πρόβλημα μέσα από την εκκλησιαστική τέχνη της Επτανήσου', *Ε΄ Διεθνές Πανιόνιο Συνέδριο, Αργοστόλι–Ληξούρι, 17–21 Μαΐου 1986, Πρακτικά* (Argostoli, 1991), vol. 3, 163–177.

———, 'Θρησκευτικοί ανταγωνισμοί στο πεδίο της θρησκευτικής τέχνης: η περίπτωση των Ιονίων νήσων (13ος–18ος αι.)', *Βαλκάνια και Ανατολική Μεσόγειος (12ος–17ος αιώνες), Πρακτικά του Διεθνούς Συμποσίου στη Μνήμη Δ. Α. Ζακυθηνού*, ed. Λ. Μαυρομμάτης (Athens, 1998), 217–241.

Χονδρογιάννης, Στ. and Ε. Δρακοπούλου, 'Εικαστικές τέχνες στα Ιόνια νησιά', *Εγχειρίδιο ιστορίας Ιονίων νήσων*, ed. Θ. Γ. Παππάς (Corfu, 2019), 351–384.

Chalkia, E., 'Ionie, Isole', *Enciclopedia dell'arte medievale* (1996): http:// www.treccani.itenciclopedia/isole–ionie_%28Enciclopedia – dell%27–Arte –Medievale%29/ [viewed 20 August 2018].

Chatzidakis, M., 'Ce qui reste des oeuvres d'art des îles Ioniennes', *L'Hellénisme Contemporain*, 2nd series, 7 (1953), fasc. no. 6, 415–417.

Pettinau Vescina, M. P., 'Tessuti sacri dell'Archidiocesi di Corfù, Zante e Cefalonia', *L'arte di studiare l'arte: scritti degli amici di Regina Poso, Kronos* 15 (2014), 347–354.

Rigakou, T., 'Byzantine and Post-Byzantine art in the Ionian islands', *History and culture of the Ionian Islands*, ed. T. Pylarinos (Athens, 2007), 289–296.

Triantaphyllopoulos, D. D., 'Kerkyra und die ionischen Inseln', *Reallexikon zur byzantinischen Kunst*, vol. 6 (Stuttgart, 1982), 1–64.

———, *Die nachbyzantinische Wandmalerei auf Kerkyra und den anderen Ionischen Inseln: Untersuchungen zur Konfrontation zwischen ostkirchlicher und abendländischer Kunst, 15.–18. Jahrhundert*, 2 vols, Miscellanea Byzantina Monacensia 30A–30B (Munich, 1985).

———, 'Corfu and the Ionian Islands in Byzantine and Post-Byzantine times (4th–18th century)', *Icons itinerant, Corfu, 14th–18th century* (exhibition catalogue), ed. Greek Ministry of Culture and Holy Metropolis of Kerkyra, Paxoi and the Diapontia Islands (Corfu and Athens, 1994), 19–32.

3.4
ARCHAEOLOGY AND MONUMENTS

Βοκοτόπουλος, Π. Λ., 'Η μεσαιωνική εκκλησιαστική αρχιτεκτονική στα νησιά του Ιονίου', *Ευρετήριο των βυζαντινών τοιχογραφιών της Ελλάδος: Ιόνια νησιά*, ed. Π. Λ. Βοκοτόπουλος, Π. Δημητρακοπούλου, Δ. Ρηγάκου, Δ. Δ. Τριανταφυλλόπουλος and Ι. Π. Χουλιαράς (Athens, 2018), 43–49.

Κωνστάντιος, Δ., 'Επιφανειακές και σκαφικές έρευνες στη ΒΔ Ελλάδα', *Ηπειρωτικά Χρονικά* 26 (1984), 117–145.

Πελεκανίδης, Στ. and Π. Ι. Ατζακά-Ασημακοπούλου, *Σύνταγμα των παλαιοχριστιανικών ψηφιδωτών δαπέδων της Ελλάδος*, vol. 1: *Νησιωτική Ελλάς* (Thessaloniki, 1974).

Σπετσιέρη-Χωρέμη, Α., *Τα νησιά του Ιονίου Πελάγους κατά τους ιστορικούς χρόνους*, Βιβλιοθήκη της εν Αθήναις Αρχαιολογικής Εταιρείας 269 (Athens, 2011).

Τσουρής, Κ., *Ο κεραμοπλαστικός διάκοσμος των υστερβυζαντινών μνημείων της βορειοδυτικής Ελλάδος* (Kavala, 1988).

Kourkoumelis, D. and D. Sakellariou, 'Two late Roman shipwrecks from the north Ionian Sea', *Per terram, per mare: seaborne trade and the distribution of Roman amphorae*, ed. S. Demesticha, (Uppsala, 2015), 219–227.

Pallas, D., *Les monuments paléochrétiens de Grèce découverts de 1959 à 1973* (Vatican City, 1977).

Riemann, O., *Recherches archéologiques sur les îles ioniennes*, 3 vols: vol. 1: *1. Corfou*; vol. 2: *2. Céphalonie*; vol. 3: *3. Zante, 4. Cérigo, 5. Appendice*, Bibliothèque des Écoles françaises d'Athènes et de Rome 8 (Paris, 1879).

See also 3.1 Leontsini, 'The Ionian Islands in the Byzantine period';
3.3 Τριανταφυλλόπουλος, 'Προβλήματα και προοπτικές'.

3.5
HISTORICAL GEOGRAPHY AND CARTOGRAPHY

Κουρκουμέλης, Ν. Κ., ''Ενα γεωγραφικού ενδιαφέροντος κείμενο του Διονυσίου κόμη δε Ρώμα (1816)', *ΙΑ´ Διεθνές Πανιόνιο Συνέδριο, Επτανησιακός Βίος και Πολιτισμός, Κεφαλονιά, 21–25 Μαΐου 2018, Πρακτικά*, ed. Η. Τουμασάτος and Γ. Ν. Μοσχόπουλος (Argostoli, 2019), vol. 4, 529–573.

Λιβιεράτος, Ε., 'Εισαγωγικά σχόλια για τους χάρτες, τις νησιωτικές απεικονίσεις, τη λατινική ναυτική κυριαρχία στην Ανατολή και τα Ιόνια νησιά σε χάρτες', *Η Επτάνησος σε χάρτες: από τον Πτολεμαίο στους δορυφόρους*, ed. Ε. Λιβιεράτος and Η. Μπεριάτος (Thessaloniki, 2001), 21–34.

Μηλιαράκης, Α., *Μελέτη περί της θέσεως του Ιονίου Πελάγους εν τη αρχαία και νέα γεωγραφία* (Athens, 1888).

Μοσχονά, Π., 'Ο αρχαίος κόσμος περιπλέει τα Ιόνια Νησιά', *Κεφαλληνιακά Χρονικά* 12 (2010), 561-576.

Νούκιος, Ν., *Των αποδημιών Ανδρονίκου του Νουκίου Κερκυραίου. Κεφ. ΟΗ'–ΠΓ' του λόγου Γ' περιέχοντα την εξιστόρησιν της εν έτει 1537 πολιορκίας της Κερκύρας* (Corfu, 1865).

Beriatos, E. and E. Livieratos, 'Adria–Ionian extrema–proxima: from an ancient sea to a modern network', *Adrionian, extrema–proxima: from an ancient sea to a modern network: visions, echoes, maps and routes*, ed. E. Beriatos and E. Livieratos (Thessaloniki, 2004), 11–14.

Cramer, J. A., *The second book of the Travels of Nicander Nucius, of Corcyra, ed. from the original Greek Ms. in the Bodleian Library, with an English translation*, Works of the Camden Society 17 (London, 1841).

Crevato-Selvaggi, B., M. M. Ferraccioli, G. Giraudo and S. Pelusi, *Cefalonia e Itaca al tempo della Serenissima. Documentazione e cartografia in biblioteche venete*, Patrimonio Veneto nel Mediterraneo 7 (Milan, 2013).

Delatte, A., *Les Portulans grecs*, Bibliothèque de la Faculté. de Philosophie et Lettres de l'Université de Liège, fasc. CVII (Liège and Paris, 1947).

Finkler, C., K. Baika, D. Rigakou, G. Metallinou, P. Fischer, H. Hadler, K. Emde and A. Vött, 'The sedimentary record of the Alkinoos Harbour of ancient Corcyra (Corfu Island, Greece): geoarchaeological evidence for rapid coastal changes induced by co–seismic uplift, tsunami inundation and human interventions', *Zeitschrift für Geomorphologie*, Supplementary Issues vol. 62, Supplementary Issue 2 (2019), 197–246.

Gautier-Dalché, P. (ed.), *Carte marine et portulan au XIIe siècle: Le "Liber de existencia riveriarum et forma maris nostri Mediterranei" (Pise, circa 1200)*, Collection de l'École Française de Rome 203 (Rome, 1995).

Gregory, T., 'Ionian Sea', *Oxford Dictionary of Byzantium*, vol. 2, 1007.

Hadler H., T. Willershäuser, K. Ntageretzis, P. Henning and A. Vött, 'Catalogue entries and non-entries of earthquake and tsunami events in the Ionian Sea and the Gulf of Corinth (eastern Mediterranean, Greece) and their interpretation with regard to palaeotsunami research', *Beiträge der 29. Jahrestagung des Arbeitskreises 'Geographie der Meere und Küsten' 28. bis 30. April 2011*, ed. A. Vött and J. F. Venzke, Bremer Beiträge zur Geographie und Raumplanung 44 (Bremen, 2012), 1–15.

Heher, D., J. Preiser-Kapeller and G. Simeonov, 'Staatliche und maritime Strukturen an den byzantinischen Balkanküsten', *Häfen im 1. Millennium AD: bauliche Konzepte, herrschaftliche und religiöse Einflüsse*, ed. T. Schmidts and M. M. Vučetić (Mainz, 2015), 93–116.

Jacoby, D., 'An unpublished medieval portolan of the Mediterranean in Minneapolis', *Shipping, trade and crusade in the Medieval Mediterranean: studies in honour of John Pryor*, ed. R. Gertwagen and E. Jeffreys (Farnham, 2012).

Koder, J., *Der Lebensraum der Byzantiner: historisch-geographischer Abriss ihres mittelalterlichen Staates im östlichen Mittelmeerraum*, Byzantinische Geschichtsschreiber 1 (Graz, Vienna, Cologne, 1984).

———, *Το Βυζάντιο ως χώρος: εισαγωγή στην ιστορική γεωγραφία της Ανατολικής Μεσογείου στη βυζαντινή εποχή*, tr. Δ. Χ. Σταθακόπουλος (Thessaloniki, 2005). [Translation of the previous item.]

Kozličić, M., 'Adriatic sailing routes as reported in the 14th and 15th century pilgrims and travel reports', *Balkan Studies: Biannual Publication of the Institute for Balkan Studies* 41 (2000), 5–25.

Livieratos, E., 'On some cartographic representations of the Adriatic–Ionian sea', *Adrionian, extrema – proxima: from an ancient sea to a modern network: visions, echoes, maps and routes*, ed. E. Beriatos and E. Livieratos (Thessaloniki, 2004), 344–382.

Martínez Manzano, T., 'De Corfú a Venecia: el itinerario primero del Dioscórides de Salamanca', *Medioevo Greco* 12 (2012), 133–154.

Ploumidis, G., 'I confini permeabili dello Ionio', *Θησαυρίσματα/ Thesaurismata* 46 (2016), 349–368.

Tolias, G., *Mapping Greece, 1420–1800: a history. Maps in the Margarita Samourkas Collection, with a catalogue of maps compiled by Leonora Navari* (New Castle, DE, 2012).

See also 1.0 Bessi, 'The Ionian Islands in the *Liber Insularum*'.

4
KERKYRA

4.1 : POLITICAL AND GENERAL HISTORY

Αγγελομάτη-Τσουγκαράκη, Ε., Γ. Κ. Μαυρομάτης, Θ. Πυλαρινός and Α. Πανταζή, *Εμμανουήλ Τοξότης: νοτάριος Κέρκυρας: πράξεις (1500–1503)* (Corfu, 2007).

Αγιούς, Α. Ι., *Σελίδες κερκυραϊκής ιστορίας* (Athens, 2001).

Αγοροπούλου-Μπιρμπίλη, Α., 'Η εβραϊκή συνοικία της Κέρκυρας', *Η εβραϊκή παρουσία στον Ελλαδικό χώρο (4ος–19ος αι.)*, ed. Α. Λαμπροπούλου and Κ. Τσικνάκης (Athens, 2008), 123–148.

Ασδραχάς, Σπ., 'Φεουδαλική πρόσοδος και γαιοπρόσοδος στην Κέρκυρα την εποχή της Βενετικής κυριαρχίας', *Τα Ιστορικά* 2 (1985), 371–386.

Ασδραχάς, Σπ. and Αι. Ασδραχά, 'Στη φεουδαλική Κέρκυρα: από τους παροίκους στους vassali angararii', *Τα Ιστορικά* 2 (1985), 77–94.

Ασωνίτης, Σπ. Ν., 'Ο "δεσπότης Ρωμανίας Φίλιππος" και οι αξιώσεις των Ταραντίνων κυρίων της Κέρκυρας επί των ηπειρωτικών κτήσεων των Ορσίνι (1318–1331)', *Βυζαντιακά* 12 (1992), 119–154.

———, 'Τρία κερκυραϊκά νοταριακά έγγραφα των ετών 1398–1458', *Εώα και Εσπέρια* 1 (1993), 9–44.

———, 'Οι χρονικοί κριτές (iudices annuales) στην Κέρκυρα κατά τον Όψιμο Μεσαίωνα', *Βυζαντιακά* 17 (1997), 465–478.

———, 'Έγγραφα αναφερόμενα στην εκκλησιαστική περιουσία στην Παλαιόπολη της Κέρκυρας κατά το 14ο και 15ο αι.', *Εώα και Εσπέρια* 3 (1996–1997), 9–40.

———, 'Η αγγαρεία στην Κέρκυρα κατά τον Όψιμο Μεσαίωνα', *Εώα και Εσπέρια* 4 (1999), 133–174.

———, *Η Ανδηγαυική Κέρκυρα (13ος–14ος αι.)* (Corfu, 1999).

———, 'Μεσαιωνική Κέρκυρα', *Κέρκυρα: τοπική ιστορία*, ed. Th. Pappas (Athens, 1999), 71–97.

———, 'Σχέσεις της βενετικής διοίκησης της Κέρκυρας με τις ηγεμονίες του Ιονίου κατά τον Όψιμο Μεσαίωνα', *Περί Ιστορίας* 2 (1999), 25–54.

Ασωνίτης, Σπ. Ν.[continued], 'Προβλήματα του Ορθόδοξου κλήρου της Κέρ-κυρας πριν και μετά τη Σύνοδο Φερράρας και Φλωρεντίας', Βυζαντινά 21 (2000), 399–417.

———, 'Η Κέρκυρα ως εμπορικό κέντρο κατά τον Όψιμο Μεσαίωνα', Χρήμα και αγορά στην εποχή των Παλαιολόγων, ed. N. G. Moschonas (Athens, 2003), 59–80.

———, 'Οι εξωκαστρηνοί της Κέρκυρας', Ζ΄ Πανιόνιο Συνέδριο, Λευκάδα, 26–30 Μαΐου 2002, Πρακτικά, vol. 2 (Athens, 2004), 477–506.

———, Η Κέρκυρα και τα ηπειρωτικά παράλια στα τέλη του Μεσαίωνα (1386–1462) (Thessaloniki, 2009).

———, 'Οι «Λευθεριώτες» της Κέρκυρας', Φιλοτιμία, τιμητικός τόμος για την ομότιμη καθηγήτρια Αλκμήνη Σταυρίδου–Ζαφράκα, ed. Θ. Κορρές, Π. Κατσώνη, Ι. Λεοντιάδης and Α. Γκουτζιου-κώστας (Thessaloniki, 2011), 75–104.

Βέλλας, Μ., 'Η πολιτική του αυτοκράτορα Φρειδερίκου Β΄ στην Αδριατική: η περίπτωση της Κέρκυρας', Ηπειρωτικά Χρονικά 27 (1985), 29–103.

Βλάχου, Ν., Δ. Μητουλάκης, Μ. Μπαλού, Σ.–Αι. Πανταζή, Α. Παπαϊωάννου, Κ. Πιλίλη and Σ. Πουλής, Πέτρος Αγαπητός νοτάριος Κέρκυρας. Πρωτόκολλο (1514–1515) (Athens, 2015).

Βοκοτόπουλος, Π., 'Η Κέρκυρα σ' ένα οδοιπορικό του 1470 και η Παναγία η Δημοσιάνα', Δελτίον της Ιονίου Ακαδημίας 2 (1986), 351–355.

Βουλισμάς, Ε., Κωνσταντίνος ο Βουλγαρίας και Κωνσταντίνος ο του Νικαίας μητροπολίται Κερκύρας κατά την ΙΒ΄ εκατονταετηρίδα (Corfu, 1888).

Γαλώνη, Αι., Γεώργιος Βαρδάνης: συμβολή στη μελέτη του βίου, του έργου και της εποχής του (Thessaloniki, 2008).

Γιωτοπούλου–Σισιλιάνου, Ε., Αντώνιος Έπαρχος, ένας Κερκυραίος ουμανιστής του ΙΣΤ΄ αιώνα (Athens, 1978).

———, 'Η φορολογία της δεκάτης στη βενετοκρατούμενη Κέρκυρα: ένα σημαντικό προνόμιο και η κατάργησή του', ΣΤ΄ Διεθνές Πανιόνιο Συνέδριο, Ζάκυνθος, 23–27 Σεπτεμβρίου 1997, Πρακτικά, vol. 2 (Athens, 2001), 211–224.

Δαφνής, Κ., Ισραηλίτες της Κέρκυρας: χρονικό επτά αιώνων (Corfu 1978).

Διαγωμά, Β., Η διαχείριση μιας μεγάλης φεουδαλικής περιουσίας: το παράδειγμα της Εμπαρουνίας των Λατίνων στην Κέρκυρα (16ος–

19ος αι.), Analecta Historica 5, Πηγές και Μελέτες Καθολικής Ιστορίας (Αποστολικό Βικαριάτο Θεσσαλονίκης, Thessaloniki, 2011).
Ευστρατιάδης, Σ., 'Κερκυραϊκόν προικοσύμφωνον του ΙΕ´ αιώνος', *Θεολογία* 3 (1925), 47–50.
Ζαρίδη, Αι. and Σπ. Μιχαλέας, 'Οι πράξεις του νοταρίου της πόλεως Κέρκυρας Νικολάου Γερασίμου (1566-1568)', *Δωδώνη: Ιστορία και Αρχαιολογία* 38–42 (2008–2013), 121–167.
Θεοτόκης, Σπ. Μ., *Αναμνηστικόν τεύχος της Πανιονίου Αναδρομικής Εκθέσεως*, Part 1: *Ενετοκρατία* (Corfu, 1914).
Καλλιπολίτης, Β. Γ., *Ιστορικοί σταθμοί της κερκυραϊκής Παλαιόπολης: μελέτη* (Corfu, 1958).
Καραμπούλα, Δ. Π. and Λ. Παπαρρήγα–Αρτεμιάδη, 'Οι πράξεις του νοτάριου Δουκάδων Κέρκυρας Αρσένιου Αλεξάκη (1513–1516)', *Επετηρίς του Κέντρου Ερεύνης της Ιστορίας του Ελληνικού Δικαίου* 34 (1998), 127–178.
Καραπιδάκης, Ν. Ε., 'Από την ιστορία των πόλεων: η διαμόρφωση της ομάδας των κερκυραίων πολιτών, ΙΕ´–ΙΣΤ´ αιώνες', *Εώα και Εσπέρια* 1 (1993), 133–143.
———, 'Κέρκυρα και Βενετοί: ανάγνωση και δυναμική του αστικού χώρου', *Corfu: History, Urban Space and Architecture, 14th–19th c.*, ed. E. Concina, and A. Nikiforou-Testone (Corfu, 1994), 41–48.
———, 'Η βενετική παρουσία (1386–1797)', *Κέρκυρα: εγχειρίδιο τοπικής ιστορίας*, ed. Θ. Παππάς (Athens 2000), 159–173.
———, 'Για την Εβραϊκή κοινότητα Κέρκυρας (14ος–18ος αι.)', *Η Εβραϊκή παρουσία στον ελλαδικό χώρο (4ος–19ος αι.)*, ed. Α. Λαμπροπούλου and Κ. Τσικνάκης (Athens, 2008), 149–154.
Καρύδης, Δ., 'Νοταρικές πράξεις Κορυφών (1488–1489)', *Περί Ιστορίας* 3 (2001), 69–116.
———, 'Σολιάτικο', *Ι´ Διεθνές Πανιόνιο Συνέδριο, Κέρκυρα, 30 Απριλίου – 4 Μαΐου 2014, Τα Πρακτικά: Ιστορία ενότητα Γ´*, ed. Θ. Πυλαρινός, Π. Τζιβάρα and Σπ. Χρ. Καρύδης (Corfu, 2016); and *Κερκυραϊκά Χρονικά*, περ. Β´, 9 (2016), 107–116.
Καρύδης, Σπ. Χρ., 'Σκλάβοι στη βενετοκρατούμενη Κέρκυρα', *Ίστωρ* 7 (1994), 93–108.
———, 'Αντίγραφα νοταριακών πράξεων του 15ου αι. στα κατάστιχα του κερκυραίου νοταρίου ιερέα Σταματίου Κοντομάρη', *Παρνασσός* 41 (1999), 157–171.

Καρύδης, Σπ. Χρ. [continued], Θεόδωρος Βρανιανίτης δημόσιος νοτάριος πόλεως και νήσου Κερκύρας: οι σωζόμενες πράξεις (1479–1516), Βιβλιοθήκη Ιστορικών Μελετών 276 (Athens, 2001).

———, 'Κερκυραϊκή προσωπογραφία του 15ου αιώνα', Βυζαντινά 23 (2002–2003), 209–217.

———, 'Συλλογικές Χορηγίες στην Κέρκυρα κατά την πρώιμη λατινοκρατία: επιγραφικά τεκμήρια', Βυζαντινά Σύμμεικτα 26 (2016), 163–209.

———, «Τα χαρτιά της εκκλησίας»: Αρχεία Κερκυραϊκών Συναδελφικών Ναών. Α΄: Υ. Θεοτόκος Σπηλαιώτισσα και Άγιος Βλάσιος, Β΄: Άγιος Ιωάννης Πρόδρομος και Αγία Παρασκευή (Athens, 2016).

Κατσαρός, Σπ., Ιστορία της Κέρκυρας εξ ερανισμάτων συνταχθείσα (Corfu, 2003).

Κλήμης, Ο. Κ., Ιστορία νήσου Κέρκυρας (Athens, 2002).

Κονιδάρης, Ι. Μ., and Γ. Ε. Ροδολάκης, 'Οι πράξεις του νοταρίου Κέρκυρας Ιωάννη Χοντρομάτη (1472–1473)', Επετηρίς του Κέντρου Ερεύνης της Ιστορίας του Δικαίου 32 (1996), 139–206.

Κουρή, Π., 'Μορφές κυριότητας και διαχείρισης των βαρονιών στη νότια Κέρκυρα από το 15ο ως το 19ο αιώνα', Θ΄ Πανιόνιο Συνέδριο, Παξοί, 26–30 Μαΐου 2010, Πρακτικά, ed. Α. Δ. Νικηφόρου, vol. I (Paxi, 2014), 67–81.

Λάμπρος, Σπ. Π., Κερκυραϊκά ανέκδοτα (Athens, 1882).

Λινάρδος, Γ. Σ., 'Μεσαιωνική πόλη Κέρκυρας', Κερκυραϊκά Χρονικά 19 (1974), 94–125.

———, 'Το Αγγελόκαστρο της Κερκύρας' Κερκυραϊκά Χρονικά 20 (1976), 9–53.

———, Αγγελόκαστρο: Το βυζαντινό κάστρο της Δυτικής ακτής, Δημοσιεύματα Εταιρείας Κερκυραϊκών Σπουδών 4 (Corfu, 1981).

Λίτσας, Ε. Κ. and Ε. Χ. Λεοντιάδου (eds), Δημήτριος Φαρμάκης, νοτάριος και πρωτοπαπάς Αγίου Ματθαίου Κέρκυρας: πρωτόκολλο των ετών 1515–1525 (Thessaloniki, 2011).

Μανής, Ε. Ι., Επίσκεψις (χωρίον εν Κερκύρα): μελέτη (ιστορική – γλωσσική – λαογραφική) (Athens, 1966).

Μάρμορας, Α., Raccolta di varie notizie concernenti l'isola di Corfu estrate dall' istoria di questa Isola, del signor Andrea Marmora a spese del padre Giorgio Varanguli della Villa de Santo Mattia di

Corfu, Βιβλιοθήκη Ιστορικών Μελετών 115 (Athens, 1849; repr. 1977).

———, *Ιστορία της Κέρκυρας* , tr. from Italian, (Corfu, 1902).

Μηλιαράκης, Α., *Οικογένεια Μαμωνά: ιστορική και γενεαλογική μελέτη της οικογενείας Μαμωνά από της εμφανίσεως αυτής εν τη ιστορία μέχρι σήμερον (1248–1902)* (Athens, 1902).

Μπουμπουλίδης, Φ. Κ., 'Παρατηρήσεις εις τας "αποδημίας" του Νουκίου', *Επετηρίς Εταιρείας Βυζαντινών Σπουδών* 34 (1965), 218–221.

Νικηφόρου, Α., *Δημόσιες τελετές στην Κέρκυρα κατά την περίοδο της βενετικής κυριαρχίας 14ος–18ος αι.* (Athens, 1999).

Νικηφόρου-Testone, Α., 'Η μεταμόρφωση του αστικού χώρου στις δημόσιες τελετές κατά τη βενετική περίοδο', *Corfu: history, urban space and architecture, 14th–19th c.*, ed. E. Concina, and A. Nikiforou-Testone (Corfu, 1994), 59–70. [English translation under Nikiforou-Testone below]

Ντούρου-Ηλιοπούλου, Μ., 'Η Ανδεγαυική παρουσία στο πριγκηπάτο της Αχαΐας και στην Κέρκυρα τα πρώτα χρόνια του Καρόλου Β: 1289–1300', *Εώα και Εσπέρια* 1 (1993), 45–59.

———, 'Διοικητικές και κοινωνικές δομές στην ανδεγαυική Κέρκυρα επί Καρόλου Α΄ (1266–1285)', *ΣΤ΄ Διεθνές Πανιόνιο Συνέδριο, Ζάκυνθος, 23–27 Σεπτεμβρίου 1997, Πρακτικά*, vol. 2 (Athens, 2001), 31–39.

———, 'Θεσμικά μορφώματα και κοινωνικές συσσωματώσεις στις φραγκοκρατούμενες περιοχές της Ρωμανίας: το παράδειγμα της Κέρκυρας και του Πριγκιπάτου της Αχαΐας', *Ζ΄ Πανιόνιο Συνέδριο, Λευκάδα 26–30 Μαΐου 2002, Πρακτικά*, vol. 2 (Athens, 2004), 435–443.

Παγκράτης, Γ. Δ., *Οι εκθέσεις των Βενετών βαΐλων και προνοητών της Κέρκυρας (16ος αιώνας)* (Athens, 2008).

———, *Κοινωνία και οικονομία στο βενετικό «Κράτος της Θάλασσας»: οι ναυτιλιακές επιχειρήσεις της Κέρκυρας (1496–1538)* (Athens, 2013).

Παπαδάτου, Δ., 'Εκκλησιαστική ακίνητη περιουσία: ένα κερκυραϊκό έθιμο του 13ου αιώνα', *Επετηρίς του Κέντρου Ερεύνης της Ιστορίας του Ελληνικού Δικαίου* 41 (2008), 131–142.

continued over

Παπαδημητρίου, Δ., 'Νομίσματα της ανασκαφής στην παλαιοχριστιανική βασιλική του Ιοβιανού στην Παλαιόπολη Κερκύρας την περίοδο 1998-2000', *Νομισματικά Χρονικά* 27 (2008-2009) 59-68.

Παπαδόπουλος-Κεραμεύς, Α., 'Κερκυραϊκά. Ιωάννης Απόκαυκος και Γεώργιος Βαρδάνης', *Βυζαντινά Χρονικά / Vizantiiski Vremenik* 13 (1907 / 1969), 334-351.

Παπαρρήγα-Αρτεμιάδη, Λ., Γ. Ε. Ροδολάκης and Δ. Π. Καραμπούλα, 'Οι πράξεις του νοτάριου Καρουσάδων Κέρκυρας πρωτοπαπά Φιλίππου Κατωϊμέρη (1503-1507)', *Επετηρίς του Κέντρου Ερεύνης της Ιστορίας του Ελληνικού Δικαίου* 33 (1997), 9-436.

Παππάς, Θ. (ed.), *Κέρκυρα: εγχειρίδιο τοπικής ιστορίας* (Athens, 2000).

Πεντόγαλος, Γ. Η., 'Γεώργιος Μόσχος: Νοτάριος Κέρκυρας στα τελευταία χρόνια του ΙΕ΄ αιώνα (Νεώτερα στοιχεία)', *Δ΄ Πανιόνιον Συνέδριον, Πρακτικά, Ανακοινώσεις: Κερκυραϊκά Χρονικά* 23 (1980), 293-302.

Ροδολάκης, Γ. Ε., 'Αγροτικές συμβάσεις στην Κέρκυρα (15ος-16ος αιώνας)', *Επετηρίς του Κέντρου Ερεύνης της Ιστορίας του Δικαίου* 33 (1997), 437-455.

———, 'Η σύμβαση ναυπήγησης και οι συναφείς μ' αυτή συμβάσεις για την προμήθεια ξυλείας και άλλων υλικών: από την Κέρκυρα στην Ύδρα (τέλη 15ου-μέσα 19ου αι.)', *Επετηρίς του Κέντρου Ερεύνης της Ιστορίας του Ελληνικού Δικαίου* 42 (2010), 181-219.

Ροδολάκης, Γ. Ε., and Γ. Ι. Γκρινιάτσος, 'Το νοταριακό Αρχείο της Κέρκυρας', *Επετηρίς του Κέντρου Ερεύνης της Ιστορίας του Δικαίου* 32 (1996), 7-137.

Ροδολάκης, Γ. Ε. and Λ. Παπαρρήγα-Αρτεμιάδη, 'Οι πράξεις του νοτάριου Αγ. Ματθαίου Κέρκυρας Πέτρου Βαραγκά (1541-1545)', *Επετηρίς του Κέντρου Ερεύνης της Ιστορίας του Ελληνικού Δικαίου* 32 (1996), 207-339.

Ρωμανός, Ι. Α., 'Η Εβραϊκή κοινότης Κερκύρας', *Εστία* 24, 25, 26 (1891), 369-374, 385-388, 401-403; and *Κεντρικό Ισραηλιτικό Συμβούλιο Χρονικά* 174 (2001), 8-21.

Σουρτζίνος, Γ. Χ., *Κέρκυρα, ταξίδι στο χρόνο: ιστορία, μνημεία, μουσεία, ιστορικοί και αρχαιολογικοί χώροι, χαρακτικά* (Corfu, 2006); and 3rd edn (Ιστορική Λαογραφική Εταιρεία Κερκύρας, Thessaloniki, 2008). [For an English translation, see Sourtzinos below.]

Στούπης, Σπ., *Οι «Ξένοι» εν Κερκύρα* (Corfu, 1959; Athens, 2003).
Τσίτσας, Α. Χ., *Βενετοκρατούμενη Κέρκυρα: θεσμοί, Δημοσιεύματα Εταιρείας Κερκυραϊκών Σπουδών* (Corfu, 1989).
Τσουγκαράκης, Δ., 'Η βυζαντινή Κορυφώ: Κάστρον ή πόλις;', *Κέρκυρα: μια μεσογειακή σύνθεση: νησιωτισμός, διασυνδέσεις, ανθρώπινα περιβάλλοντα, 16ος–19ος αι.*, ed. Α. Νικηφόρου (Corfu, 1998), 215–228.

———, 'Η διοικητική θέση της Κέρκυρας κατά τη μέση βυζαντινή περίοδο: παλιές και νέες υποθέσεις', *Ι´ Διεθνές Πανιόνιο Συνέδριο, Κέρκυρα, 30 Απριλίου – 4 Μαΐου 2014, Τα Πρακτικά, Ι: Ιστορία ενότητες Α´ και Β´*, ed. Θ. Πυλαρινός and Π. Τζιβάρα: *Κερκυραϊκά Χρονικά*, περ. Β´, 8 (2015), 541–549.
Φιλίππου, Ει., 'Η παράδοση του πρώτου βυζαντινονορμανδικού πολέμου στην Αλεξιάδα της Άννας Κομνηνής και στις λατινικές πηγές: αποκλίσεις, παραλείψεις και χρονολογικά προβλήματα (1084–1085)', *Βυζαντιακά* 29 (2010), 131–151.
Χαριζάνης, Γ., 'Ο μητροπολίτης Κερκύρας Νικόλαος και η βυζαντινο-νορμανδική σύγκρουση στο Ιόνιο (τέλη του 11ου αι.)', *Βυζαντιακά* 24 (2004), 197–210.
Acconcia Longo, A., 'Per la storia di Corfù nel XIII secolo', *Rivista di Studi Bizantini e Neoellenici* 22–23 (1985–1986), 209–243.
Asdracha, C. and S. Asdrachas, 'Quelques remarques sur la rente féodale: les baronnies (pronoiai) de Corfu', *Travaux et Mémoirs* 8 (1981), 7–14.

———, 'Les paysans dans les fiefs de Corfou XIVe–XVe siècle', *Εύψυχία: mélanges offerts à Hélène Ahrweiler*, ed. M. Balard, J. Beaucamp, J.-Cl. Cheynet, C. Jolivet-Lévy, M. Kaplan, B. Martin–Hisard, P. Pagès, C. Piganiol and J.-P. Sodini (Paris, 1998), 17–34.
Asonitis, S. N., 'Jacques de Baux, Lord of Corfu: 1381-1382', *Balkan Studies* 28/2 (1987), 223–235.

———, 'Petrus Capece, capitaneus corphiniensis (1367), castellanus Parge (1411)', *Πρακτικά Θ´ Πανελληνίου Ιστορικού Συνεδρίου, Μάϊος 1988* (Thessaloniki, 1988), 63–81.

———, 'L'introduzione delle Assize di Romania a Corfu', *Levante veneziano: aspetti di storia delle Isole Ionie al tempo della Serenissima*, ed. M. Costantini and A. Nikiforou, Quaderini di Cheiron 2 (Rome, 1996).

Asonitis, S. N. [*continued*], 'Mentalities and behaviours of the feudal class in Corfu during the Late Middle Ages', *Balkan Studies* 39 (1998), 197–221.

———, 'La proprietà fondiaria nell'isola di Corfù nel basso Medioevo e agli inizi dell'età moderna', *Schola Salernitana* 12 (2007 [2008]), 221–232.

Bacchion, E., *Il dominio veneto su Corfu (1386–1797)* (Venice,1956).

Baroutsos, P., 'Privileges, legality and prejudice: the Jews of Corfu heading towards isolation', *"Interstizi": Culture ebraico-cristiane a Venezia e nei suoi domini dal medioevo all'età moderna*, ed. U. Israel, R. Jütte, and R. C. Müller (Rome, 2010), 295–326.

Cronier, M., 'Comment Dioscoride est-il arrivé en Occident? A propos d'un manuscrit byzantin, de Constantinople à Fontainebleau', *Νέα 'Ρώμη* 10 (2013), 185–209.

Foucault, J.-A. de, 'Le siège de Corfou vu par Nicandre de Corcyre', *Bulletin de l'Association Guillaume Budé* (1971), 83–91.

Georges, J., 'The Struggle for Hegemony in the Eastern Mediterranean. An Episode in the Relations between Venice and Genoa according to the Chronicles of Ogerio Pane (1197–1219)', *Mediterranean Historical Review* 11 (1996), 196–211.

Gertwagen, R., 'The Island of Corfu in Venetian Policy in the Fourteenth and Early Fifteenth Centuries', *International Journal of Maritime History* 19 (2007), 181–210.

Gregory, T. E. and A. Cutler, 'Kerkyra', *Oxford Dictionary of Byzantium*, vol. 2, 1124.

Janin, P., 'Corcyre (Κέρκυρα), a. Corfou (île)', *Dictionnaire d'histoire et de géographie ecclésiastiques*, vol. 13 (1956), 829–831.

Jirecek, K. J., 'Eine Urkunde von 1238–1240 zur Geschichte von Korfu', *Byzantinische Zeitschrift* 1 (1892), 336–337.

Karapidakis, N. E., 'Corfu and the Venetians: reading the dynamic of the urban space', *Corfu: history, urban space and architecture, 14th–19th c.*, ed. E. Concina, and A. Nikiforou-Testone (Corfu, 1994), 41–48. [For the Greek original, see Καραπιδάκης above.]

———, 'La formazione di un ceto di potere a Corfù nel XV secolo', *Venezia e le isole Ionie,* ed. C. Maltezou and G. Ortalli (Venice, 2005), 165–175.

Kiesewetter, A., 'I Principi di Taranto e la Grecia (1294–1373/83)', *Archivio Storico Pugliese* 54 (2001), 53–100.

———, 'L'acquisto e l'occupazione del litorale meridionale dell'Albania da parte di re Carlo I d'Angiò (1279–1283)', *Rassegna Storica Salernitana* 63 (2015), 27–62.

Lavagnini, B., 'Il nome di Corfù', *Atti dell Accademia di Scienze a Arti di Palermo*, ser. 4, vol. 4, part 2 (1944), 93–97; and B. Lavagnini, Άτακτα (Palermo, 1978), 470–474.

Lemerle, P., 'Trois actes du Despote d'Épire Michel II concernant Corfou connus en traduction latine', *Mélanges offerts à St. Kyriakidis: Ελληνικά,* Παρ. 4 (Thessaloniki, 1953), 405–426; and P. Lemerle, *Le monde de Byzance: histoire et institutions*, Variorum Reprints (London, 1978), no. VI.

Luttrell, A., 'Gulielmo de Tocco, captain of Corfu: 1330–1331', *Byzantine and Modern Greek Studies* 3 (1977), 45–56.

Markesinis, B., 'Janos Lascaris, la bibliothèque d'Avramis à Corfou et le Paris. gr. 854', *Scriptorium* 54 (2000), 302–306.

Marmora, A., *Della historia di Corfu* (Venice, 1672).

Mondrain, B., 'Les Eparque, une famille de médecins collectionneurs de manuscrits aux XVe–XVIe siècles', *Η Ελληνική Γραφή κατά τους 15ο και 16ο αιώνες, Πρακτικά 7ου Διεθνούς Συμποσίου*, ed. Σ. Πατούρα / *The Greek Script in the 15th and 16th Centuries, International Symposium,* (Institute for Byzantine Research, National Hellenic Research Foundation, Athens, 2000), 145–163.

———, 'Lettrés et copistes à Corfou au XVe et au XVIe siècle', *Puer Apuliae: mélanges offerts à Jean–Marie Martin*, ed. E. Cuozzo, Association des Amis du Centre d'Histoire et Civilisation de Byzance Monographies 30 (Paris 2008), 463–476.

Müller, R. C., 'The status of Jews in Venetian territories. The case of Corfu', *Ηπειρωτικά Χρονικά* 43 (2009), 321–331.

———, 'A Venetian commercial enterprise in Corfu, 1440–1442', *Χρήμα και αγορά στην εποχή των Παλαιολόγων, Διεθνές Επιστημονικό Συμπόσιο, Χαλκίδα, 22–24 Μαΐου 1998*, ed. Ν. Μοσχονάς (Athens 2003), 81–95.

Nikiforou, A., 'L'archivio di Stato di Corfù: da ieri a oggi: Levante Veneziano: aspetti di storia delle Isole Ionie al tempo della Serenissima', *Quaderni di Cheiron* 2 (1996), 223–225.

continued over

Nikiforou–Testone, A., 'The transformation of the urban landscape in public ceremonies during the Venetian occupation (14th–18th c.)', *Corfu: history, urban space and architecture, 14th–19th c.*, ed. E. Concina, and A. Nikiforou–Testone (Corfu, 1994), 59–70. [For the Greek originl, see Νικηφόρου-Testone above.]

Pagratis, G. D., 'Jews in Corfu's economy (from the late fifteenth to mid–sixteenth century)', *Mediterranean Historical Review* 27 (2012), 189–198.

Preschel, P. L., *The Jews of Corfu*, PhD dissertation (New York University, 1984).

Ravegniani, G., 'La conquista veneziana di Corfu', *Venezia e le isole Ionie*, ed. C. Maltezou and G. Ortalli (Venice, 2005), 101–112.

Rigo, A., 'I libri greci di Teodoro Chrysoberges e i suoi passaggi a Costantinopoli (aprile 1415) e a Corfù (luglio 1419)', *Byzantion* 84 (2014), 285–296.

Romanos, J. A., 'Histoire de la Communauté israélite de Corfou', *Revue des Études Juives* 23 (1891), 63–74.

Roncaglia, M. P., *Georges Bardanès, Métropolite de Corfou, et Barthelemy de l'ordre Franciscain: les discussions sur le purgatoire entre Georges Bardanès, métropolite de Corfu et frère Bartélemy, Franciscain (15 oct. – 17 nov. 1231): étude critique avec texte inédit* (Rome, 1953).

Roux, M., 'Pour une histoire de Corfou byzantine (Xe–XIIe s.)', *Περί Ιστορίας* 1 (1996), 71–86.

———, 'La structure défensive de l'île de Corfou (Xe–XIIe s.)', *Στ' Διεθνές Πανιόνιο Συνέδριο, Ζάκυνθος, 23–27 Σεπτεμβρίου 1997, Πρακτικά*, vol. 3 (Athens, 2002), 340–346.

Šašel Kos, M., 'Corcyra in Strabo's *Geography*', *Prospettive corciresi*, ed. C. Antonetti and E. Cavalli, Diabaseis 5 (Pisa, 2015), 1–31.

Schirò, G., 'Η Κέρκυρα καταφύγιον Ηπειρωτών Δυναστών κατά τον ΙΔ΄–ΙΕ΄ αιώνα', *Δ΄ Πανιόνιο Συνέδριο Πρακτικά* (Corfu, 1978), vol. 1: *Κερκυραϊκά Χρονικά* 23 (1980), 307–314.

Sourtzinos, G. C., *Corfu, a journey through the ages: history, monuments, museums, historical and archaeological places, engravings*, 3rd edn (Historical Folkloric Society of Corfu, Thessaloniki, 2008). [For the original Greek version see Σουρτζίνος above.]

Soustal, P., 'Korfu', *Lexicon des Mittelalters*, vol. 7 (1991), col. 1444.

———, 'Sybota and Sopotos', *Ηπειρωτικά Χρονικά* 22 (1980), 35–38.

Speranzi, D., 'Un nuovo codice di "Giovanni di Corone": lo Strabone Laur. Plut. 28.40', *Medioevo Rinascimento* 19 (2005), 61–80.

Stamatopoulos, N., *Old Corfu: history and culture*, 2nd edn (Corfu, 1978).

Strano, G., 'La campagna antinormanna per la riconquista di Corfù (1149): schemi ideologici e contingenza storica nelle fonti letterarie bizantine', *Byzantino-Sicula VI: La Sicilia e Bisanzio nei secoli XI e XII, Atti delle X Giornate di Studio della Associazione Italiana di Studi Bizantini, Palermo 27-28 Maggio 2011*, ed. R. Lavagnini and C. Rognoni (Palermo, 2014), 75–94.

Yotopoulou-Sicilianou, E., 'Profughi bizantini da Corfu a Venezia', *Venezia e le isole Ionie*, ed. C. Maltezou and G. Ortalli (Istituto Veneto di Scienze, Lettere ed Arti, Venice, 2005), 43–55.

Zachou, V. K., 'Le spedizioni normanne a Corfù tra XI e XII secolo', *Nicolaus* 25 (1998), 315–342.

——, 'I rapporti fra l'Occidente e l'Oriente bizantino nel XIII secolo: il caso di Corfù', *Nicolaus* 38 (2011), 161–173.

Zakythinos, D., 'Le Thème de Céphalonie et la défence de l'Occident', *L'Hellénisme Contemporaine* (Athens, 1954), 303–332; and *Byzance: état – société – économie*, Variorum Reprints (London, 1973), no. VIII.

Zeldes, N., 'Jewish settlement in Corfu in the aftermath of the expulsions from Spain and southern Italy, 1492–1541', *Mediterranean Historical Review* 27 (2012), 175–188.

4.2
RELIGIOUS STUDIES
AND ECCLESIASTICAL HISTORY

Ανδριώτη, Ε. and Ε. Παπαδοπούλου, 'Οι ιδιωτικοί κτητορικοί ναοί στον αγροτικό χώρο της Κέρκυρας', *Ζ΄ Πανιόνιο Συνέδριο, Λευκάδα, 26–30 Μαΐου 2002, Πρακτικά*, vol. 2 (Athens, 2004), 201–223.

Ασωνίτης, Σπ. Ν., ''Έγγραφα αναφερόμενα στην εκκλησιαστική περιουσία στην Παλαιόπολη της Κέρκυρας κατά τον 14ο και 15ο αιώνα', *Εώα και Εσπέρια* 3 (1996–1997), 9–40.

———, 'Προβλήματα του ορθόδοξου κλήρου της Κέρκυρας πριν και μετά τη Σύνοδο Φερράρας–Φλωρεντίας', *Βυζαντινά* 21 (2000), 399–417.

Βουλγάρης, Ν.-Τ., *Αληθής έκθεσις περί του εν Κερκύρα θαυματουργού λειψάνου του Αγίου Σπυρίδωνος* (Venice, 1880).

Βουλισμάς, Ε., *Κωνσταντίνος Βουλγαρίας και Κωνσταντίνος ο του Νικαίας μητροπολίται Κερκύρας κατά την ΙΒ΄ εκατονταετηρίδα* (Corfu, 1888).

Γαστεράτος, Γ., *Ο Εγκωμιαστικός Λόγος του Αγίου Αρσενίου Αρχιεπισκόπου Κερκύρας προς τον Άγιο Θερίνο τον Μάρτυρα* (Athens, 2011).

———, 'Βυζαντινές ρίζες εκκλησιαστικών θεσμών και λατρευτικών συνηθειών στην Κέρκυρα', *ΙΑ΄ Διεθνές Πανιόνιο Συνέδριο: Επτανησιακός Βίος και Πολιτισμός, Κεφαλονιά, 21–25 Μαΐου 2018, Πρακτικά*, ed. Η. Τουμασάτος and Γ. Ν. Μοσχόπουλος (Argostoli, 2019), vol. 1, 227–240.

Καρύδης, Δ. Ε.-Γ., 'Ο Άγιος Νικόλαος του Φραντζή: όψεις της εκκλησιαστικής ιστορίας της Κέρκυρας', *Πρακτικά Επιστημονικού Συνεδρίου, Όψεις της Εκκλησιαστικής Ιστορίας της Κέρκυρας, Κέρκυρα 7–8 Δεκεμβρίου 2005: Κερκυραϊκά Χρονικά*, περ. Β΄, 4 (2007), 35–47.

Καρύδης, Σπ. Χρ., 'Λατινικές αδελφότητες λαϊκών στην Κέρκυρα στα χρόνια της Ενετοκρατίας (1386–1797)', *Εκκλησιαστικός Φάρος* 65 (1990–1991), 219–284.

———, 'Ορθόδοξοι ναοί της Κέρκυρας τον 15ο αι.', *Βυζαντιακά* 19 (1999), 263–307.

———, '"Αφανισμοί" ναών στην πόλη και στα προάστεια της Κέρκυρας τον 16ο αιώνα', *Πρακτικά ΚΓ΄ Πανελλήνιου Ιστο-*

ρικού Συνεδρίου, 24–26 Μαΐου 2002 (Thessaloniki, 2003), 83–104.

———, Ορθόδοξες αδελφότητες και συναδελφικοί ναοί στην Κέρκυρα (15ος–19ος αι.) (Athens, 2004).

———, Ο αστικός χώρος και τα ιερά: η περίπτωση της Κέρκυρας τον 16ο αιώνα (Athens, 2007).

———, 'Το σκήνωμα του αγίου Σπυρίδωνος και το κτητορικό δικαίωμα της οικογένειας Βούλγαρη: βιβλιογραφική επισκόπηση', Άγιος Σπυρίδων: ο ναός και η λατρεία του στην Κέρκυρα, ed. Ιερά Μητρόπολις Κερκύρας, Παξών και Διαποντίων Νήσων (Corfu, 2007), 81–85.

———, Το Μοναστήρι της Παλαιοκαστρίτσας: ιστορική περιήγηση, 2nd edn, Ιερά Μονή Υ. Θ. Παλαιοκαστριτίσσης Κερκύρας, Πηγές και Μελετήματα 5 (Corfu, 2008).

———, Η Οδηγήτρια Αγραφών Κέρκυρας: ψηφίδες από τη μακραίωνη ιστορία της (Corfu, 2011).

Καρύδης, Σπ. Χρ. and Δ. Στρατηγόπουλος, 'Η παρουσία του λειψάνου της Αγίας Θεοδώρας στην Κέρκυρα: αρχειακές μαρτυρίες, υμνογραφία', Δ΄ Συνάντηση Βυζαντινολόγων Ελλάδος και Κύπρου 2002 (Thessaloniki, 2003), 196.

Καρύδης, Σπ. Χρ. and Π. Τζιβάρα, Η βιβλιοθήκη της μονής Υ. Θ. Μυρτιδιωτίσσης Κέρκυρας, Ιερά Μονή Υ. Θ. Παλαιοκαστριτίσσης Κερκύρας, Πηγές και Μελετήματα 4 (Corfu, 2004).

———, Η Ιερά Μονή Αγίων Θεοδώρων Στρατιάς Κέρκυρας: ιστορική πορεία, βιβλιοθήκη, αρχείο (Athens, 2009).

———, Το 'τενόρε της ψαλμουδίας': το μουσικό χειρόγραφο αρ. 31 της Μονής Πλατυτέρας Κέρκυρας (Athens, 2010).

Κοντογιάννης, Σπ. Δ. and Σπ. Χρ. Καρύδης, 'Η Μονή Παλαιοκαστρίτσας Κέρκυρας: ιστορικά εξ ανεκδότων εγγράφων', Επιστημονική Επετηρίς της Θεολογικής Σχολής του Πανεπιστημίου Αθηνών 29 (1994), 591–704.

Κοντοστάνος, Μ., Ο Αρχιεπίσκοπος Κερκύρας Αρσένιος (Athens, 1923).

Κωνσταντινίδης, Κ. Ν., 'Λογιοσύνη στην Ορθόδοξη επισκοπή Κερκύρας κατά τον 13ο αιώνα: η περίπτωση του Βασιλείου Πεδιαδίτου', Ι΄ Διεθνές Πανιόνιο Συνέδριο, Κέρκυρα, 30 Απριλίου – 4 Μαΐου 2014, Τα Πρακτικά, Ι: Ιστορία ενότητες Α΄ και Β΄, ed. Θ. Πυλαρινός and Π. Τζιβάρα: Κερκυραϊκά Χρονικά, περ. Β΄, 8 (2015), 551–561.

Μανάφης, Κ. Α., 'Επιστολή Βασιλείου Πεδιαδίτου Μητροπολίτου Κερκύρας προς τον πάπαν Ιννοκέντιον Γ' και ο χρόνος πατριαρχείας Μιχαήλ Δ' του Αυτωρειανού', *Επετηρίς Εταιρείας Βυζαντινών Σπουδών* 42 (1975-1976), 429-440.

Μανάφης. Κ. and Ι. Πολέμης, 'Βασιλείου Πεδιαδίτου ανέκδοτα έργα, Α΄: Συνοδική απόφασις και λόγοι (υπό Κ. Α. Μανάφη); Β΄: Σχέδη (υπό Ι. Δ. Πολέμη)', *Επετηρίς Εταιρείας Βυζαντινών Σπουδών* 49 (1997), 1-62.

Μανής, Ε. Ι., *Το εν Κερκύρα όρος της Ιστώνης και η επί της κορυφής αυτού Ιερά Μονή του Υψηλού Παντοκράτορος* (Athens, 1968).

Μεταλληνός, Γ. Δ., 'Η Εκκλησία της Κέρκυρας στην ιστορία και το παρόν', *Βυζαντινή και μεταβυζαντινή τέχνη στην Κέρκυρα: μνημεία, εικόνες, κειμήλια, πολιτισμός*, ed. Ιερά Μητρόπολις Κερκύρας, Παξών και Διαποντίων νήσων (Corfu, 1994), 15-25.

———, *Η Εκκλησία της Κέρκυρας: Διαχρονική επισκόπηση* (Corfu, 1999).

Μεταλληνός, Κ., *Ιστορία της εν Κερκύρα ιεράς μονής της Υπεραγίας Θεοτόκου Πλατυτέρας* (Athens, 1954).

Νέσσερης, Η. Χ., 'Το άγνωστο σχέδος του Βασιλείου Πεδιαδίτου στον κώδ. Laur. Plut. 71,32', *Ι' Διεθνές Πανιόνιο Συνέδριο, Κέρκυρα, 30 Απριλίου – 4 Μαΐου 2014, Τα Πρακτικά, Ι: Ιστορία ενότητες Α' και Β'*, ed. Θ. Πυλαρινός and Π. Τζιβάρα: *Κερκυραϊκά Χρονικά*, περ. Β', 8 (2015), 562-565.

Νικοκάβουρας, Σ., *Ακολουθίαι των Αγίων Ιάσωνος και Σωσιπάτρου, της παρθενομάρτυρος Κερκύρας της Βασιλίδος, του Αγίου Αρσενίου Μητροπολίτου Κερκύρας, της Οσίας Θεοδώρας της Αυγούστης και του Αγίου ιερομάρτυρος Βλασίου* (Corfu, 1909).

Πανταζή, Σ.-Αι., 'Ορθόδοξος κλήρος και βενετική εξουσία: η ιστορία μιας αδιατάρακτης σχέσης', *Πρακτικά Επιστημονικού Συνεδρίου, Όψεις της Εκκλησιαστικής Ιστορίας της Κέρκυρας, Κέρκυρα 7–8 Δεκεμβρίου 2005: Κερκυραϊκά Χρονικά*, περ. Β', 4 (2007), 99-114.

Παπαγεώργιος, Σπ. Κ., *Περί του αγίου Αρσενίου μητροπολίτου Κερκύρας (876–953)* (Corfu, 1872).

———, *Ασματική ακολουθία και βίος του εν αγίοις πατρός ημών Σπυρίδωνος εξ αρχαίων ανεκδότων χειρογράφων των εν Βιέννη και Ενετία Βιβλιοθηκών* (Athens, 1901).

———, 'Χριστιανικαί αρχαιότητες της Κέρκυρας', *Δελτίον Χριστιανικής και Αρχαιολογικής Εταιρείας*, περ. Α΄, 8 (1908–1909), 45–52.

———, *Ιστορία της Εκκλησίας της Κέρκυρας από της συστάσεως αυτής μέχρι του νυν* (Corfu, 1920).

Παπαθεοφάνους-Τσουρή, Ε., 'Η εκκλησία της Αγίας Αικατερίνης Νήσου Περιθείας στην Κέρκυρα', *Ηπειρωτικά Χρονικά* 24 (1982), 183–203.

Πεντόγαλος, Γ. Η., 'Ανέκδοτα έγγραφα του ΙΕ΄ αιώνα σχετιζόμενα με την εκκλησιαστική ιστορία της Κερκύρας', *Κερκυραϊκά Χρονικά* 19 (1974), 126–139.

Σκλαβενίτης, Σπ., 'Ο πολιτικός ρόλος ενός υστεροβυζαντινού επισκόπου: ο μητροπολίτης Κερκύρας Γεώργιος Βαρδάνης (1219–περίπου 1238)', *Ζ΄ Συνάντηση Βυζαντινολόγων Ελλάδος και Κύπρου, Παράδοση και ανανέωση στο Βυζάντιο, 20–23 Σεπτεμβρίου 2007* (Komotini, 2011), 376–379.

Στούπης, Σπ., 'Το Ποντικονήσι και η Παναγία των Ξένων της Κέρκυρας', *Ηπειρωτική Εστία* 14 (1965), 112–116.

Τζιβάρα, Π., 'Η πρόσληψη της εικόνας των Βενετών κυριάρχων μέσα από ένα υμνογραφικό κείμενο: η ακολουθία του αγίου Νικολάου, όχημα εξύμνησης της Γαληνοτάτης', *Θράκιος: αφιερωματικός τόμος στον Μητροπολίτη Μαρωνείας και Κομοτηνής κ. Δαμασκηνό*, ed. Γ. Κ. Παπάζογλου (Komotini, 2006), 205–217.

Τριανταφυλλόπουλος, Δ. Δ., 'Άγιος Σπυρίδων: Τριμυθούς – Βασιλεύουσα – Κέρκυρα: Οι τρεις σταθμοί του βίου του και συναφή αρχαιολογικά ζητήματα', *Κυπριακή Αγιολογία, Πρακτικά Συνεδρίου, Παραλίμνι, 8–11 Μαΐου 2008*, ed. Θ. Ξ. Γιάγκου and Χρ. Νάσσης (Hagia Napa, Paralimni, 2015), 457–476.

Τσίτσας, Α. Χ., *Η Εκκλησία της Κερκύρας κατά την Λατινοκρατίαν (1267–1797)* (Corfu, 1969).

———, *Γύρω από το ναό και το ιερό λείψανο του Αγίου Σπυρίδωνος: miscellanea (τετρακόσια χρόνια από την ανέγερση του ναού)* (Corfu, 1994).

Τσουγκαράκης, Δ., 'Άγιοι και ιεράρχες της Κέρκυρας. Παρατηρήσεις στους επισκοπικούς καταλόγους της Κέρκυρας κατά τη Βυζαντινή περίοδο', *Πρακτικά Επιστημονικού Συνεδρίου, Όψεις της Εκκλησιαστικής Ιστορίας της Κέρκυρας, Κέρκυρα 7–8 Δεκεμβρίου 2005: Κερκυραϊκά Χρονικά*, περ. Β΄, 4 (2007), 13–19.

Acconcia Longo, A., 'Per la storia di Corfù nel XIII secolo, I: Il testo greco di una lettera di Giorgio Bardanes a Federico II; II: Giovanni Comneno Vatatzes: nota prosopografica', *Rivista di Studi Bizantini e Neoellenici*, Ser. NS, Bd. 22–23 (1985–1986), 209–243.

Aubert, R., 'Jason et Sosipatros, soi-disant évêques martyrs à Corfou (1er s.)', *Dictionnaire d'histoire et de géographie ecclésiastiques*, vol. 26 (Paris, 1997), 1087–1088.

Bakalova, E. and A. Lazarova, 'The relics of St Spyridon and the making of sacred space on Corfu: between Constantinople and Venice', *Hierotopy: the creation of sacred spaces in Byzantium and medieval Russia*, ed. A. M. Lidov (Moscow, 2006).

Berger, A., 'Kerkyllinos und Kerkyra oder: wie Korfu christlich wurde', *Realia Byzantina: festschrift für Apostolos Karpozilos*, ed. S. Kotzabassi and G. Mavromatis, Byzantinisches Archiv 22, (Berlin and New York, 2009), 17–24.

Costa-Louillet, G. da, 'Saints de Grèce aux VIIIe, IXe et Xe siècles, *Byzantion* 31 (1961), 309–369.

Gastgeber, C., 'Eine Unionsschrift des katholischen Klerus aus Korfu von 1369/70', *Réduire le schisme? Ecclésiologies et politiques de l'Union entre Orient et Occident (XIIIe–XVIIIe siècle)*, ed. M.-H. Blanchet and G. Frédéric (Paris, 2013), 239–260.

Gertwagen, R., 'The emergence of the cult of the Virgin Mary as the patron saint of seafarers', *Journal of Mediterranean Studies* 16 (2006), 149–161.

Janin, R., 'Corfu', *Dictionnaire d'histoire et de théologie catholique*, vol. 13, 820.

Kazhdan, A., 'Constantine of Kerkyra', *The Oxford Dictionary of Byzantium*, vol. 1, 506.

Krekić, B., 'Dva dokumenta o Krfu u XIII veku (Deux documents concernant Corfou au XIIIe siècle, with French sum.)', *Godišnjak Filoz. Fakulteta u Novom Sadu* 3 (1958), 45–53.

Kurtz, E., 'Georgios Bardanes, Metropolit *von* Kerkyra', *Byzantinische Zeitschrift* 15 (1906), 603–613.

Lelli, F., 'Innografia ebraica salentina e poesia liturgica balcanica: il mahazor di Corfù', *Gli ebrei nel Salento: secoli IX–XVI*, ed. F. Lelli (Congedo, 2013), 75–104.

Li Pira, F., 'La collazione dei beneficî ecclesiastici nell'Egeo del sec. XV: prime note su Corfù, Creta, Negroponte, Patrasso, isole bizantine: realtà e metafora', *Atti della XV Giornata di Studio dell'Associazione Italiana di Studi Bizantini (Roma, 23–24 marzo 2018)*, ed. F. D'Aiuto, M. Luigia Fobelli, A. Guiglia, A. Iacobini, S. Lucà, A. Luzzi and V. Ruggieri, *Rivista di Studi Bizantini e Neoellenici* 55 (2018 [2019]), 275–322.

Loenertz, R. J., 'Lettre de Georges Bardanes, metropolite de Corcyre, au patriarche oecumenique Germain II', Επετηρίς Εταιρείας Βυζαντινών Σπουδών 33 (1964), 104–118; and *Byzantina et Franco–Graeca* (1970), 467–501.

Metropolis of Kerkyra, Paxos and the Diapontioi Nesoi, *St. Spyridon: his church and cult in Corfu*, tr. G. Cox (Corfu, 2007).

Papanikolaou, A. N., 'The Latin Church and the Greek Orthodox Church in Angevin Corfu, at the end of the thirteenth century', Ηπειρωτικά Χρονικά 42 (2008), 95–112.

———, 'The Latin Church, the Greek Orthodox Church and the Angevin authorities during the period 1272–1296', Ι´ Διεθνές Πανιόνιο Συνέδριο, Κέρκυρα, 30 Απριλίου – 4 Μαΐου 2014, Τα Πρακτικά, Ι: Ιστορία ενότητες Α´ και Β´, ed. Θ. Πυλαρινός and Π. Τζιβάρα: Κερκυραϊκά Χρονικά, περ. Β´, 8 (2015), 121–131.

Petridès, S. and C. Emereau, 'Saint Arsène de Corfou', *Échos d'Orient* 20 (1921), 431–446.

Sieben, H., 'Basileios Pediadites und Innozenz III', *Annuarium Historiae Conciliorum*, 27–28 (1995–1996), 249–274.

Thiriet, F., 'Agriculteurs et agriculture à Corfou au XVème siècle', Δ´ Πανιόνιο Συνέδριο Πρακτικά, Corfu, 1978, vol. 1: Κερκυραϊκά Χρονικά 23 (1980), 315–328.

Tsougarakis, D., 'Two Cases of Mistaken Identity among the Metropolitans of Corfu in the 12th Century', Μεσαιωνικά και Νέα Ελληνικά 4 (1992), 169–176.

Vries, W. de, 'Korfu', *Lexikon für Theologie und Kirche*, vol. 6 (1961), 553.

Yannopoulos, P., 'La Grèce dans la Vie de s. Elie le Jeune et dans celle de s. Elie le Spéléote', *Byzantion* 64 (1994), 193–221.

Zeldes, N., 'Jewish settlement in Corfu in the aftermath of the expulsions from Spain and southern Italy, 1492–1541', *Mediterranean Historical Review*, 27 (2012), 175–188.

4.3
ART HISTORY

Αλμπάνη, Τζ. (ed.), *Ο Περίπλους των Εικόνων: Κέρκυρα, 14ος–18ος αιώνας* (Athens, 1994).

Βοκοτόπουλος, Π., 'Οι τοιχογραφίες του ναού των Αγίων Ιάσωνος και Σωσιπάτρου', *Δελτίον Αναγνωστικής Εταιρείας Κερκύρας* 8 (1971), 116–122.

———, 'Οι βυζαντινές τοιχογραφίες του Άϊ-Μιχαήλη στο Βουνό στην Άνω Κορακιάνα Κερκύρας', *Δελτίον της Χριστιανικής Αρχαιολογικής Εταιρείας* 34 (2013), 91–106.

Μαζαράκης, Α. Δ., *Nicolò Rugina da Corfu ca. 1517–1587* (Corfu, 2015).

Μαζαράκης, Α. Δ. and Δ. Α. Μαζαράκης, *Aurifex Corphiensis* (Corfu, 2015).

Μητρόπολις Κερκύρας, Παξών, και Διαποντίων Νήσων, *Βυζαντινή και μεταβυζαντινή τέχνη στην Κέρκυρα* (Corfu, 1994).

Μπίθα, Ι., 'Απεικονίσεις των πολιορκιών της Κέρκυρας: μικρή συμβολή στην εικονογραφία του αγίου Σπυρίδωνα', *Δελτίον Χριστιανικής και Αρχαιολογικής Εταιρείας*, περ. Δ΄, 18 (1995), 151–168.

———, 'Παρατηρήσεις στον εικονογραφικό κύκλο του Αγίου Σπυρίδωνα', *Δελτίον της Χριστιανικής Αρχαιολογικής Εταιρείας*, περ. Δ΄, 19 (1996–1997), 251–284.

Angelomatis-Tsougarakis, H., 'Corfu, 2: Early Christian period and later', *The Dictionary of Art* (Willard, OH, 1996), vol. 7, 850–851.

Chondrogiannis, S., *Μουσείο Αντιβουνιώτισσας, Κέρκυρα / The Antibouniotissa Museum, Corfu* (Thessaloniki, 2010).

Vocotopoulos, P. L, 'Fresques du XIe siècle à Corfou', *Cahiers Archéologiques* 21 (1971) 151–180.

———, *Icons of Corfu* (Athens, 1990).

———, 'Before Venice: monumental art in Corfu in the eleventh and twelfth century', *Venezia e le isole Ionie*, ed. C. Maltezou and G. Ortalli (Istituto Veneto di Scienze, Lettere ed Arti, Venice, 2005), 3–19.

4.4
ARCHAEOLOGY AND MONUMENTS

Αγοροπούλου-Μπιρμπίλη, Α., *Η αρχιτεκτονική της πόλεως Κέρκυρας κατά την περίοδο της Ενετοκρατίας* (Athens, 1976).

———, 'Η αρχιτεκτονική των Λατινικών Εκκλησιών της Κέρκυρας και η θέση τους στον ιστό της πόλης κατά τη Βενετοκρατία', *Ζ΄ Πανιόνιο Συνέδριο, Λευκάδα 26–30 Μαΐου2002, Πρακτικά*, vol. 2 (Athens, 2004), 225–271.

Βογιατζής, Σ. and Α. Ραπτάκη, 'Το Κάστρο της Κασσιώπης στην Κέρκυρα', *Ε΄ Συνάντηση Βυζαντινολόγων Ελλάδος και Κύπρου, 2–5 Οκτωβρίου 2003* (Corfu, 2005), 228–232.

Βοκοτόπουλος, Π. Λ., 'Περί την χρονολόγησιν του εν Κερκύρα ναού των Αγίων Ιάσωνος και Σωσιπάτρου (πίν. 72–77)', *Δελτίον της Χριστιανικής Αρχαιολογικής Εταιρείας*, περ. Δ΄, 5 (1969), 149–174.

———, 'Διορθώσεις και προσθήκαι εις τα περί την χρονολόγησιν του εν Κερκύρα ναού των Αγίων Ιάσωνος και Σωσιπάτρου', *Δελτίον της Χριστιανικής Αρχαιολογικής Εταιρείας*, περ. Δ΄, 5 (1969), 315.

Γαούτσης, Σπ. Π., 'Άγνωστοι θυρεοί των αρχιεπισκόπων Augustus Antonius Maria Zacco και Franciscus Maria Fenzi από τον καθολικό καθεδρικό ναό Κέρκυρας', *Ministerium Historiae: τιμή στον π. Μάρκο Φώσκολο*, ed. Κ. Α. Δανούσης and Κ. Γ. Τσικνάκης (Δήμος Τήνου, Tenos, 2017), 87–106.

Ζερνιώτη-Βεργή, Δ., *Mon Repos: οι αρχαιότητες, η έπαυλη, ο κήπος* (Corfu, 2002).

Καμονάχου, Μ., Ν. Πανταζή and Α. Ντίνου, *Το παλαιο φρούριο της Κέρκυρας* (Corfu, 1994).

Καπανδρίτη, Α. and Στ. Γαλάνης, 'Το μαρμάρινο τέμπλο του Αγίου Αντωνίου στην παλιά πόλη της Κέρκυρας: ένα μνημείο μέσα στο μνημείο', *Δελτίον της Χριστιανικής Αρχαιολογικής Εταιρείας*, περ. Δ΄, 32 (2011), 197–206.

Μαζαράκης, Α. Δ., *Χωρομέτρηση του κάστρου Γαρδίκη στην Κέρκυρα* (Corfu, 2016).

Μαλτέζου, Χρ., 'Αρχειακές μαρτυρίες για πέντε μεταβυζαντινούς ναούς της Κέρκυρας', *Ευφρόσυνον: αφιέρωμα στον Μανόλη Χατζηδάκη* (Athens, 1991), vol. 1, 309–320.

Μέντζου–Μεϊμάρη, Κ., 'Χρονολογημέναι βυζαντιναί επιγραφαί του Corpus Inscriptionum Graecarum IV, 2', *Δελτίον της Χριστιανικής Αρχαιολογικής Εταιρείας*, περ. Α΄, 9 (1977–1979), 77–132.

Μεταλληνός, Ε., *Η εκκλησία του Υψηλού Παντοκράτορος και της Κασσιώπης, Φυλλάδιον Α* (Corfu, 1890).

Παπαγεώργιος, Σπ., 'Χριστιανικαί αρχαιότητες της Κέρκυρας', *Δελτίον της Χριστιανικής Αρχαιολογικής Εταιρείας*, περ. Α΄, 9 (1908–1909), 42–52.

Παπαδημητρίου, Ι., 'Ο ναός των Αγίων Ἰάσωνος καί Σωσιπάτρου εν Κερκύρα', *Αρχαιολογική Εφημερίς* (1934–1935), 37–56.

Πρέκα-Αλεξανδρή, Κ., 'Νεότερες ανασκαφικές έρευνες στην Παλαιόπολη της Κέρκυρας', *ΣΤ΄ Διεθνές Πανιόνιο Συνέδριο, Ζάκυνθος, 23–27 Σεπτεμβρίου 1997, Πρακτικά*, vol. 1 (Thessa-loniki, 2000), 139–151.

———, *Οι αρχαιότητες της Κέρκυρας* (Athens, 2010).

Chondrogiannis, S. and N. Branikas, *Archaeological tour of the Byzantine monuments of Palaiopolis, Corfu* (Athens, 2004).

Concina, E., 'Ο Άγιος Μάρκος, η ακρόπολη, η πόλη', *Κέρκυρα: Ιστορία, αστική ζωή και αρχιτεκτονική, 14ος–19ος αι.*, ed. E. Concina, and A. Νικηφόρου–Testone (Corfu, 1994), 29–37.

———, 'St. Mark, the Stronghold, the Town', *Corfu: history, urban space and architecture, 14th–19th c.*, ed. E. Concina, and A. Nikiforou–Testone (Corfu, 1994), 29–37. [Translation of previous item.]

Kiourtzian, G., 'Les inscriptions de la basilique de Iovianos à Corfou', *Cahiers Archéologiques* 55 (2013–2014), 5–15.

Rhoby, A., *Byzantinische Epigramme auf Stein nebst Addenda zu den Bänden 1 und 2, Byzantinische Epigramme in inschriftlicher Überlieferung*, hrsgg. von Wolfram Hörandner, Andreas Rhoby und Anneliese Paul, Band 3, Teil 1 und 2, Österreichische Akademie der Wissenschaften, Philosophisch–historische Klasse, Denkschriften, 474, Veröffentlichungen zur Byzanzforschung 35 (Vienna, 2014), 252–260.

Roux, M., La structure défensive de l'île de Corfou (Xe–XIIe s.), *ΣΤ΄ Διεθνές Πανιόνιο Συνέδριο, Ζάκυνθος 23–27 Σεπτεμβρίου 1997, Πρακτικά*, vol. 3 (Athens, 2002), 339-350.

Rusconi, A., 'Monumenti araldici ed epigrafici Veneti dell'Isola di Corfù', *Annuario della Scuola Archeologica di Atene* 5 (Rome, 1952), 27–39.

4.5
HISTORICAL GEOGRAPHY AND CARTOGRAPHY

Αγγελομάτη-Τσουγκαράκη, Ε., 'Η εξέλιξη των οικισμών της υπαίθρου Κέρκυρας', *Ζ' Πανιόνιο Συνέδριο, Λευκάδα 26-30 Μαΐου2002, Πρακτικά*, vol. 2 (Athens, 2004), 515-543.

Μαζαράκης, Α. Δ. and Θ. Α. Τζίκας, *Το νησί του Βίδο. Ιστορική και αμυντική θεώρηση 15ος-19ος αι.* (Corfu, 2019).

Παγκράτης, Γ. Δ., 'Ειδήσεις για τον Κερκυραίο χαρτογράφο Ιωάννη Ξενοδόχο', *Ερανιστής* 22 (1999), 241-246.

Πανδής, Τ. Χ., *Η μεσαιωνική νότια Κέρκυρα 1204-1814: Βαϊλαρχία Αλευχίμμου «Bandiera Melichia»* (Corfu, 2006).

Molteni E. and S. Moretti, 'Maps and drawings of Corfu in the Library of the Museo Correr', *e-Perimetron* 1 (2006), 1-31.

Mousson, A., *Ein Besuch auf Corfu und Cefalonien im September 1858* (Zürich, 1859).

———, *Κέρκυρα και Κεφαλλονιά: μια περιήγηση το 1858*, tr. Κλ.-Θ. Φλωράτου, Νεοελληνική Ιστορική Βιβλιοθήκη (Athens, 1995). [Translation of the previous item]

Partsch, J., *Die Insel Korfu: eine geographische Monographie* (Gotha, 1887).

———, *Η νήσος Κέρκυρα: γεωγραφική μονογραφή*, tr. Π. Βέγιας (Corfu, 1892; Athens, 1990). [Translation of the previous item]

Ploutoglou, N., M. Pazarli and K. Papadopoulos, 'The digital rotational and scale fitting of Bordone's isolario in a continuous insular map of Greece', *e-Perimetron* 2 (2007), 173-184.

Romanelli, G. and C. Tonini, *Corfù «Perla del Levante»: documenti, mappe e disegni del Museo Correr*, Patrimonio Veneto nel Mediterraneo (Milan, 2010).

Woda, N., *Reisen französischer Pilger zwischen Venedig und Korfu im 15. Jahrhundert* (Kiel, 2002).

5.0
PAXOI AND ANTIPAXOI

Δόϊκας, Ι., *Εκκλησία των Παξών* (Corfu, 1995).
Λάκκος, Γ. (= Γ. Λύχνος), *Παξοί το μικρό νησί* (Corfu, 1975).
Ρηγάκου, Τ., 'Οι Παξοί κατά τη βυζαντινή και μεταβυζαντινή περίοδο: η μαρτυρία των μνημείων', *Θ΄ Πανιόνιο Συνέδριο, Παξοί, 26–30 Μαΐου2010, Πρακτικά*, ed. Α. Δ. Νικηφόρου, vol. 2 (Paxi, 2014), 59–75.
Χρυσός, Ε., 'Οι Παξοί κατά την πρώιμη βυζαντινή περίοδο', *Θ΄ Πανιόνιο Συνέδριο, Παξοί, 26–30 Μαΐου2010, Πρακτικά*, ed. Α. Δ. Νικηφόρου, vol. 2 (Paxi, 2014), 489–496.
Martelli, A., *Παξός και Αντίπαξος εν τω Ιονίω Πελάγει: γεωφυσική μελέτη Αλεξάνδρου Μαρτέλλη*, tr. Α. Π. Μιτσιάλης, Βιβλιοθήκη Ιστορικών Μελετών 168 (Athens, 1982).
Salvator, Ludwig (Archduke of Austria), *Paxos und Antipaxos* (Würzburg and Leipzig, 1887).
Veneri, R. M., 'La fortezza di Ag. Nicholaos a Paxi, prototipo di fortificazione alla moderna', *Θ΄ Πανιόνιο Συνέδριο, Παξοί, 26–30 Μαΐου2010, Πρακτικά*, ed. Α. Δ. Νικηφόρου, vol. 2 (Paxi, 2014), 77–81.

6
KEPHALLENIA AND ITHAKE

6.1 : POLITICAL AND GENERAL HISTORY

Άμαντος, Κ.,'Κεφαλληνιακά επώνυμα', *Ελληνικά* 10 (1937–1938), 117–118.
Ασωνίτης, Σπ. Ν., 'Ο τίτλος του πρίγκιπα Αχαΐας και οι Τόκκοι', *Ε´ Διεθνές Πανιόνιο Συνέδριο, Αργοστόλι–Ληξούρι, 17–21 Μαΐου 1986*, vol. 1 (Argostoli, 1989), 59–80.
Ζακυθηνός, Δ. Α., 'Κεφαλονιά κατά τα τέλη του ΙΔ´ αιώνα (ένα χωρίο του γάλλου Froissart)', *Νέα Εστία* 5 (1929), 144–146.
———, 'Κεφαλληνία (Εκκλησ. Ιστορία)', *Μεγάλη Ελληνική Εγκυκλοπαίδεια*, vol. 14, (Athens, [1930]), 307–308.
———, 'Το Κτηματολόγιον της Λατινικής επισκοπής Κεφαλληνίας και Ζακύνθου κατά τον ΙΓ´ αιώνα', *Ελληνικά* 5 (1932), 323–333.
———, 'Θέμα Κεφαλληνίας', *Επτανησιακά Φύλλα*, περ. Β´, 2 (December 1953), 23–27.
———, 'Θέμα Κεφαλληνίας', *Ηώς*, περ. Γ´, 58–60: *Αφιέρωμα στην Κεφαλονιά* (1962), 48–51.
Ζαπάντη, Στ. Σ., 'Το Θέμα Κεφαλληνίας στη Βυζαντινή Αυτοκρατορία (8ος–12ος αιώνας)', *Κεφαλληνιακά Χρονικά*, 6: *Αφιέρωμα στον Καθηγητή Δ. Σ. Λουκάτο* (1992–1994), 1–37.
———, *Γιάκουμος Σουριάνος, νοτάριος Κάστρου: κατάστιχο 1570–1598* (Thessaloniki, 2001).
———, *Γεώργιος Βλασσόπουλος, νοτάριος Βαθέως Ιθάκης: κατάστιχο 1636–1648* (Ithaca, 2002).
———, *Μοντεσάντος (ντε), ιερέας Σταμάτιος, νοτάριος Κεφαλληνίας Ελειού: κατάστιχο 1535–1553* (Argostoli, 2002).
Καραβίας-Γρίβας, Ν. (Ιθακήσιος), *Ιστορία της νήσου Ιθάκης από των αρχαιοτάτων χρόνων μέχρι του 1849*, Βιβλιοθήκη Ιστορικών Μελετών 115 (Athens, 1977; 2010).
Λουγγής, Τ., 'Η Κεφαλονιά στις αρχές του όγδοου αιώνα (με αφορμή την εκεί εξορία του Βαρδάνη-Φιλιππικού)', *Κεφαλληνιακά Χρονικά* 2 (1977), 73–77.

Μοσχονάς, Ν. Γ., Χρ. Βαγιωνάκης, Δ. Μιχάλαγα and Μ. Μπλέτας (eds), *Νικόλαος Καπιάνος, Νοταριακές πράξεις: Κάστρο Κεφαλονιάς (1571–1576)* (Institute for Byzantine Research, National Hellenic Research Foundation, Athens, 2008).
Μοσχονάς, Ν. Γ., Χρ. Βαγιωνάκης, Ο. Κατσίβελα, Δ. Μιχάλαγα, Β. Μπελαβγένη and Μ. Μπλέτας (eds), *Ανδρέας Αμάραντος, Νοταριακές πράξεις: Αράκλι Κεφαλονιάς (1548–1562)* (Athens, 2001).
Μοσχόπουλος, Γ. Ν., *Ιστορία της Κεφαλονιάς*, vol. 3: *Από τα αρχαία χρόνια ως το 1797* (Athens, 1985).
Πολέμης, Ι. Δ., 'Αρετή και λόγος: παραδοσιακά θέματα και νέοι ιδεολογικοί προσανατολισμοί στον επιτάφιο λόγο του Θεοδώρου Μετοχίτη για τον Ιωσήφ τον Φιλόσοφο', *Ευκαρπίας Έπαινος, Αφιέρωμα στον καθηγητή Παναγιώτη Δ. Μαστροδημήτρη*, ed. Γ. Ανδρειωμένος (Athens, 2007), 923–944.
Σκλαβενίτη, Α. Σ., 'Ο ιθακήσιος Ιωσήφ Ρακενδύτης, ένας πολυμαθής λόγιος του 14ου αι.', *ΙΑ΄ Διεθνές Πανιόνιο Συνέδριο, Επτανησιακός Βίος και Πολιτισμός, Κεφαλονιά, 21–25 Μαΐου 2018, Πρακτικά*, ed. Η. Τουμασάτος and Γ. Ν. Μοσχόπουλος (Argostoli, 2019), vol. 1, 193–204.
Τζαννετάτος, Θ. Σ., *Το Πρακτικόν της Λατινικής επισκοπής Κεφαλληνίας του 1264 και η επιτομή αυτού* (Athens, 1965).
Τσικνάκης, Κ., *Οι εκθέσεις των Βενετών προνοητών της Κεφαλονιάς (16ος αιώνας)* (Ινστιτούτο Βυζαντινών Ερευνών, Εθνικό Ίδρυμα Ερευνών, Athens, 2008).
Τσιτσέλης, Η. Α., *Κεφαλληνιακά σύμμικτα: συμβολαί εις την ιστορίαν και λαογραφίαν της νήσου Κεφαλληνίας* (Αδελφότητα Κεφαλήνων και Ιθακησίων Πειραιώς, 1980).
Φαρακλός, Γ., 'Η Κεφαλονιά στους λατίνους συγγραφείς', *ΣΤ΄ Διεθνές Πανιόνιο Συνέδριο, Ζάκυνθος, 23–27 Σεπτεμβρίου 1997, Πρακτικά*, vol. 2 (Athens, 2001), 25–30.
Crevato-Selvaggi, B., 'Cefalonia Veneziana: le vicende e l'amministrazione', *Cefalonia e Itaca al tempo della Serenissima: Documentazione e cartografia in biblioteche venete*, ed. B. Crevato-Selvaggi, M. M. Ferraccioli, G. Giraudo, S. Pelusi, Patrimonio Veneto nel Mediterraneo (Milan, 2013), 15–39.
Gregory, T., 'Kephalenia', *Oxford Dictionary of Byzantium*, vol. 2, 1122–1123.

Miller, W., 'Ithake under the Franks', *English Historical Review* 21 (1906), 513–51; and *Essays on the Latin Orient* (London, 1921; Amsterdam, 1964), 261–265.

Osswald, B., 'Nicéphore II, despote d'Épire, comte de Céphalonie et citoyen de Venise? À propos d'un document du 5 septembre 1357', *Revue des Études Byzantines* 76 (2018), 221–232.

Salvator, Ludwig (Archduke of Austria), *Wintertage auf Ithaka* (Prague, 1905).

Savvides, A., 'Notes on the History of Kephallenia / Cephalonia / Kefalinia–Keffalonia / Djefalunia / Kefalonya–Kifalonya in the Byzantine and post-Byzantine periods', *Journal of Oriental and African Studies* 25 (2016), 29–34.

———, 'Notes on the History of Ithaka (Ithake/Theachi/Val de Compar/Serfent/Faskyu/Siyaki) in the Byzantine and post-Byzantine Periods', *Journal of Oriental and African Studies*, 25 (2016), 441–445.

Soustal, P., 'Kephallenia', *Lexikon des Mittelalters*, vol. 5 (1990), col. 1111.

Topping, P., 'Estates of Niccolò Acciaiuoli in Cephalonia', *Byzantion* 36 (1996), 544–559.

Treu, M., 'Der Philosoph Joseph', *Byzantinische Zeitschrift* 8 (1899), 1–64.

Zuckerman, C., 'Squabbling protospatharioi and other administrative issues from the first half of the tenth century', *Revue des Études Byzantines* 72 (2014), 193–233.

6.2
RELIGIOUS STUDIES
AND ECCLESIASTICAL HISTORY

Αντζουλάτος, Γ. Φ., *Οι Άγιοι Φανέντες: οι ομολογητές άγιοι της Κεφαλονιάς: Γρηγόριος, Θεόδωρος, Λέων* (Athens, 2005).

———, 'Μια σημαντική ενθύμηση για τη μονή των Αγίων Φανέντων', *Κεφαλληνιακά Χρονικά* 12 (2010), 749–769.

Αντωνακάτου, Ντ., 'Ο θάνατος του Ροβέρτου Γισκάρδου: το Πρακτικόν της Λατινικής Εκκλησίας Κεφαλληνίας (1264): τοπογραφικαί και κοινωνιολογικαί διακριβώσεις', *Πρακτικά Ακαδημίας Αθηνών* 57 (1982), 327–337.

———, 'Έρευνες και συμπεράσματα γύρω από τη Μεσαιωνική Κεφαλονιά με βάση το Πρακτικό της Λατινικής επισκοπής Κεφαλληνίας', *Βυζαντινά* 12 (1983), 293–356.

———, 'Θέσεις, περιβάλλον, περιουσιακά στοιχεία βυζαντινών μονών του 13ου αιώνα στην Κεφαλονιά με βάση το Πρακτικό της Λατινικής επισκοπής Κεφαλληνίας του 1264', *Ε΄ Διεθνές Πανιόνιο Συνέδριο, Αργοστόλι–Ληξούρι, 17–21 Μαΐου 1986, Πρακτικά* (Argostoli, 1989), vol. 1, 513–594.

———, 'Η θέση του μεσαιωνικού κάστρου του Αγίου Γεωργίου του αναφερόμενου στο Πρακτικό της Λατινικής επισκοπής Κεφαλληνίας του 1264', *Η΄ Διεθνές Πανιόνιο Συνέδριο, Κύθηρα, 21–25 Μαΐου1996, Πρακτικά* (Kythera, 2009), vol. 3, 94–108.

Ζακυθηνός, Δ. Α., '"Κηπουριωτικά": εκ της ιστορίας της εν Κεφαλληνία μονής των Κηπουρίων', *Byzantinisch–Neugriechische Jahrbücher* 6 (1928–1929), 389–398.

Ζαπάντη, Στ., 'Ο Μωυσής Σβηρός ηγούμενος της μονής Υ. Θ. «Η Κυρία των Αγγέλων» είναι ο άγνωστος αδελφός του Μητροπολίτη Φιλαδελφείας Γαβριήλ Σεβήρου;', *Κεφαλληνιακά Χρονικά* 12 (2009–2010), 577–581.

Λουκάτος, Σ. Δ., Γ. Μεταλληνός and Ν. Γ. Μοσχονάς, *Μικρό αφιέρωμα στον Άγιο Γεράσιμο* (Αδελφότητα Κεφαλήνων και Ιθακησίων Πειραιώς, 1987).

Μεσολωράς, Ι. Ε., 'Περί της εισαγωγής του Χριστιανισμού εις την Κεφαλληνίαν', *Πρακτικά του εν Κερκύρα Πρώτου Πανιονίου Συνεδρίου, 20–22 Μαΐου 1914* (Athens, 1915; Zakynthos, 2004), 264–267.

Μεταλληνός, Γ., *Ο Απόστολος Παύλος στην Κεφαλληνία* (Athens, 1993).
Μεταλληνός, Γ. Δ., 'Η Κεφαλληνία, η Μελίτη των Πράξεων', *Θεολογία* 59 (1988), 507–529.
Μιχάλαγα, Δ. Στ., 'Συμβολή στην επισκοπική ιστορία της Κεφαλονιάς: το χφ. ΕΒΕ 2260.24', *ΙΑ΄ Διεθνές Πανιόνιο Συνέδριο, Επτανησιακός Βίος και Πολιτισμός, Κεφαλονιά, 21–25 Μαΐου 2018, Πρακτικά,* ed. Η. Τουμασάτος and Γ. Ν. Μοσχόπουλος (Argostoli, 2019), vol. 3, 69–104.
Πεντόγαλος, Γ. Η., 'Λατίνοι επίσκοποι Κεφαλονιάς–Ζακύνθου', *Δελτίον Αναγνωστικής Εταιρείας Κερκύρας* 2 (1974), 145–178.
Τσικνάκης, Κ., 'Ειδήσεις για το Μοναστήρι του Αγίου Γερασίμου της Κεφαλονιάς στα τέλη του 16ου αιώνα', *Μνήμη Δ. Ζακυθηνού*, vol. 2: *Σύμμεικτα* 9 (1994), 329–345.
Bakalova, E. and A. Lazarova, 'The New Jerusalem of St. Gerasimos on Cephallonia', *New Jerusalems: hierotopy and iconography of sacred spaces*, ed. A. M. Lidov (Moscow, 2009), 500–519 (in Russian)
Janin, R., 'Céphallénie', *Dictionnaire d'histoire et de géographie ecclésiastiques*, vol. 12 (1950), 150–153.
Kouroupakis, A. and C. D. Schabel, 'Bishop Benedetto of Cephalonia, 1207 – post 1239', *Mediterranean Historical Review* 32 (2017), 139–152.

6.3
ART HISTORY

Αγοροπούλου-Μπιρμπίλη, Α., 'Μονή Σισσίων Κεφαλονιάς', *Ε΄ Διεθνές Πανιόνιο Συνέδριο, Αργοστόλι–Ληξούρι, 17–21 Μαΐου 1986, Πρακτικά*, vol. 3 (Argostoli, 1991), 179–212.

Βοκοτόπουλος, Π. Λ., 'Σημείωμα για την βυζαντινή μνημειακή θρησκευτική τέχνη στην Κεφαλληνία', *Αγάπης αντίδωρον: μνήμη μητροπολίτου κυρού Γερασίμου Φωκά*, ed. Ν. G. Moschonas (Ιερά Μητρόπολις Κεφαλληνίας, Argostoli, 2019), 433–442.

Βολανάκης, Ι. Η., 'Τοιχογραφημένοι ναοί της νήσου Κεφαλληνίας', *Κεφαλληνιακά Χρονικά* 5 (1986), 201–218.

———,'Χριστιανικά Μνημεία της Κεφαλληνίας', *Κεφαλληνιακά Χρονικά* 17 (2016), 275–432.

———, 'Οι βυζαντινές τοιχογραφίες του ναού του Αγίου Γεωργίου Κοντογενάδας της Παλικής Κεφαλληνίας', *ΙΑ΄ Διεθνές Πανιόνιο Συνέδριο, Επτανησιακός βίος και πολιτισμός*, Κεφαλονιά, 21–25 Μαΐου 2018, *Πρακτικά*, vol. 5, ed. Δ. Φ. Μαρκάτου (Argostoli, 2020), 481–511.

Θεοχάρη, Μ. Σ., 'Άγνωστες βυζαντινές τοιχογραφίες στην Κεφαλληνία', *Πρακτικά της Ακαδημίας Αθηνών* 58 (1983), 632–640.

Κονόμος, Ντ., *Η χριστιανική τέχνη στην Κεφαλονιά* (Athens, 1966).

Moschopoulos, G. N. (ed.), *Cephalonia: ecclesiastical art*, vol. 1: *Region of Kranaia*; vol. 2: *Pali*; vol. 3: *Sami–Pronnoi* (Ιστορικό Αρχείο Κεφαλονιάς, Argostoli, 1993, 1994, 1996).

Pentedeka, A., C. Morgan and A. Soteriou, 'Patterns of local pottery production on Late Roman Ithaca: preliminary remarks on the coarse and cooking ware fabrics', *LRCW4: Late Roman coarse wares, cooking wares and amphorae in the Mediterranean: Archaeology and Archaeometry*, vol. 4: *The Mediterranean: a market without frontiers*, ed. N. Poulou, E. Nodarou, and V. Kilikoglou, BAR International Series 2616 (Oxford 2014), 777–785.

Rigakou, D., 'The Monastery of Sts. Fanentes at Sami and the wall paintings of the church of St. Nicholas', in: *Cephalonia: ecclesiastical art*, ed. G. N. Moschopoulos (Ιστορικό Αρχείο Κεφαλονιάς, Argostoli 1990), vol. 3: *Sami–Pronnoi*, 242–243.

———, 'La peinture byzantine à Céphalonie', *XXe Congrès International des Études Byzantines, Collège de France – Sorbonne (19–25 Août 2001), Pré–Actes III: Communications libres* (Paris, 2001), 404.

Todt, K.-P., 'Orsini', *Lexikon des Mittelalters*, vol. 6 (1993), 1480–1481.

6.4
ARCHAEOLOGY AND MONUMENTS

Αλιπράντης, Π. Δ., 'Ο ναός του αγίου Νικολάου των Αλιπράντη: η θέση του και η Πέτρα του Βύρωνα', *Κεφαλληνιακά Χρονικά* 13 (2011–2012), 491–501.

Κονόμος, Ντ., *Εκκλησίες και μοναστήρια στην Κεφαλονιά* (Athens, 1966).

Λυκούδη, Ε. Χ., 'Άγιοι Ανάργυροι Πάστρας Κεφαλληνίας', *Ε΄ Διεθνές Πανιόνιο Συνέδριο, Αργοστόλι–Ληξούρι, 17–21 Μαΐου 1986, Πρακτικά* (Argostoli, 1991), vol. 3, 213–232.

Μοσχονάς, Ν. Γ., 'Λατινική κτιτορική επιγραφή του Φρουρίου της Άσου', *Σύμμεικτα* 6 (1985), 233–249.

Μπεριάτος, Η., 'Η παραδοσιακή θρησκευτική αρχιτεκτονική στην Κεφαλλονιά: συμβολή στη μελέτη της πολιτισμικής γεωγραφίας των Ιονίων Νήσων', *Αρχαιολογία και Τέχνες* 45 (1992), 35–41.

Σμπόνιας, Κ. and Κ. Ματαράγκα, 'Η αρχαιολογική έρευνα επιφανείας του Ιονίου Πανεπιστημίου στην Παλική Κεφαλλονιάς: μεθοδολογικές παρατηρήσεις και πρώτα αποτελέσματα', *Ιόνιος Λόγος* 4 (2013), 287–323.

Φωκάς-Κοσμετάτος, Ν., *Το κάστρο Αγίου Γεωργίου Κεφαλληνίας: η παλαιά πρωτεύουσα της νήσου* (Athens, 1966).

———, 'Ερείπια ναών και κτισμάτων παλαιοχριστιανικής και βυζαντινής περιόδου εν Κεφαλληνία', *Δελτίον Αναγνωστικής Εταιρίας Κερκύρας* 9 (1972), 64–70.

Andreatou, M., 'Fiskardon in the Roman and the Late Roman Period', *Pharos* 19 (2013), 69–94.

Beriatos, I., 'The ecclesiastical buildings in the district of Pali', *Cephalonia: ecclesiastical art*, ed. G. N. Moschopoulos (Ιστορικό Αρχείο Κεφαλονιάς, Argostoli, 1994), vol. 2: *Pali*, 269–270.

Hodges, R., 'Re-thinking two mid-Byzantine castles on Kephallénia', *Acta Archaeologica* 90 (2019), 111–121.

Randsborg, K., *Kephallénia: Archaeology and History*, Acta Archaeologica 73, Supplementum 4 (London and Copenhagen, 2002).

6.5
HISTORICAL GEOGRAPHY AND CARTOGRAPHY

Αντζουλάτος, Γ. Φ., 'Η μίσθωση της νησίδας Πεταλά από τη Μονή των Αγίων Φανέντων', *ΙΑ´ Διεθνές Πανιόνιο Συνέδριο: Επτανησιακός Βίος και Πολιτισμός, Κεφαλονιά, 21–25 Μαΐου 2018, Πρακτικά*, ed. Η. Τουμασάτος and Γ. Ν. Μοσχόπουλος (Argostoli, 2019), vol. 2, 267–280.

Βαγιακάκος, Δ. Β., 'Εκ του τοπωνυμικού της Ιθάκης, *Επετηρίς Εταιρείας Βυζαντινών Σπουδών* 29 (1959), 322–348

———, Συμβολή εις την μελέτην του τοπωνυμικού και ονοματολογίου της Ιθάκης, *Αθηνά* 64 (1960), 139–164.

Ζακυθηνός, Δ. Α., 'Κεφαλληνίας ιστορικά και τοπωνυμικά', *Επετηρίς Εταιρείας Βυζαντινών Σπουδών* 6 (1929), 183–202.

———, 'Άγιος Γεώργιος (Τοπωνυμικά Κεφαλληνίας)', *Η Ηχώ* 31 (March 1935), 9–11.

Ζαπάντη, Στ. Σ., *Κεφαλονιά 1500–1571: η συγκρότηση της κοινωνίας του νησιού* (Thessaloniki, 1999).

Κατσίγερα, Α., Κ. Παυλόπουλος, Β. Χονδράκη, Γ. Αποστολόπουλος, Μ. Τριανταφύλλου, Δ. Βανδαράκης and J. Underhill, 'Γεωμορφολογικές παρατηρήσεις και παλαιογεωγραφία της χερσονήσου Παλικής της νήσου Κεφαλληνίας', *ΙΑ´ Διεθνές Πανιόνιο Συνέδριο, Επτανησιακός βίος και πολιτισμός, Κεφαλονιά, 21–25 Μαΐου 2018, Πρακτικά*, vol. 5, ed. Δ. Φ. Μαρκάτου (Argostoli, 2020), 139–156.

Κορδώσης, Μ. Σ., *Η Ομηρική Ιθάκη (Νήσος-Άστυ) σε σχέση με τη μετα-γενέστερη αρχαία και βυζαντινή και τα νησιά Αστερί – Σάμη – Δουλίχιο*, Βιβλιοθήκη Ιστορικών Μελετών 286 (Athens, 2007).

Λιβιεράτος, Ε., 'Σχήματα και ονόματα της Κεφαλονιάς. Χαρτογραφικές απεικονίσεις μέχρι τον 18ο αι.', *Συνέδριο Ιστορίας, Αργοστόλι 27-30 Σεπτεμβρίου 2007, Από το Κάστρο Αγίου Γεωργίου στο Αργοστόλι (1757-2007): η βενετική κυριαρχία στην Κεφαλονιά (1500-1797)*, vol. 2 (Argostoli, 2010), 161–185.

Μηλιαράκης, Α., *Γεωγραφία πολιτική νέα και αρχαία του νομού Κεφαλληνίας: Κεφαλληνία, Ιθάκη, Άτοκος, Αρκούδι, Κάλαμος, Καστός και Εχινάδες* (Athens, 1890; Βιβλιοθήκη Ιστορικών Μελετών, Athens, 1997).

Μουτζάλη, Α., 'Ιστορικογεωγραφικά των Ιονίων Νήσων Καλάμου και Καστού', Στ΄ *Διεθνές Πανιόνιο Συνέδριο, Ζάκυνθος, 23–27 Σεπτεμβρίου 1997, Πρακτικά*, vol. 3 (Athens, 2001), 421–438.

———, *Οι Ιόνιοι γείτονες της δυτικής Ακαρνανίας: τα νησιά Κάλαμος και Καστός: συμβολή στην ιστορική γεωγραφία της περιοχής* (Patras, 2005).

Partsch, J. F. M., *Kephallenia und Ithaka: eine geographische Monographie* (Gotha, 1890).

———, *Κεφαλληνία και Ιθάκη: γεωγραφική μονογραφία*, tr. Γ. Λ. Παπανδρέου, preface by Γ. Ν. Μοσχόπουλος, Βιβλιοθήκη Ιστορικών Μελετών 167, (Athens, 1982). [Translation of the previous item.]

Pelusi, S. 'Tra mito e geografia: Cefalonia e Itaca', *Cefalonia e Itaca al tempo della Serenissima: documentazione e cartografia in biblioteche venete*, ed. B. Crevato-Selvaggi, M. M. Ferraccioli, G. Giraudo, and S. Pelusi, Patri-monio veneto nel Mediterraneo [series] (Milano, 2013), 127–163.

Psichari, J., 'Sainte Euthymie ou les tribulations d'un linguiste', *Byzantion* 1 (1924), 505–517.

7
LEUKAS

7.1 : POLITICAL AND GENERAL HISTORY

Ασωνίτης, Σπ. Ν., 'Ιστορώντας τη μεσαιωνική Λευκάδα», *Πρακτικά Συνεδρίου, Η Λευκάδα και οι ιστορικοί της, 19ος–20ος αι.* (Athens, 2009), 63–92.

Βλαντής, Σπ. Α., *Η Λευκάς υπό τους Φράγκους, τους Τούρκους και τους Ενετούς (1204–1797): ιστορικόν δοκίμιον* (Lefkas, 1902; Athens, 2008).

Ζακυθηνός, Δ., 'Ανέκδοτον γράμμα του πατριάρχου Ιερεμίου του Α΄ περί της μονής της Κορακονησίας', *Επετηρίς Εταιρείας Βυζαντινών Σπουδών* 13 (1937), 192–196.

Κουτελάκης, Χ., 'Το τέλος του βυζαντινού κάστρου της Λευκάδας από τον πειρατή Σιφάντο', *Νήρικος – Λευκάς – Κάστρο, Η μακροβιότερη Πρωτεύουσα της Λευκάδας: Πρακτικά Συνεδρίου, Πνευματικό Κέντρο Δήμου Λευκάδας, Γιορτές Λόγου και Τέχνης, Αύγουστος 2010*, ed. Ch. Papadatou-Giannopoulou (Lefkada, 2016), 235–247.

Λαμπρινού, Μ., Η ιστορική φυσιογνωμία της Λευκάδας, *Αρχαιολογία και Τέχνες* 103 (2007), 66–69.

———, 'Λευκάδα. Τι γνωρίζουμε για την ιστορία της;', *Το Αρχαιολογικό Έργο στην Αιτωλοακαρνανία και τη Λευκάδα, Πρακτικά 2ου Διεθνούς Αρχαιολογικού και Ιστορικού Συνεδρίου, 6–8 Δεκεμβρίου 2013*, ed. Ο. Βικάτου, Β. Στάικου and Φ. Σαράντη (Messolonghi, 2018), 509–520.

Πανταζής, Β. Δ., 'Η τύχη της ομηρικής Νηρίκου', Νήρικος – Λευκάς – Κάστρο, η Μακροβιότερη πρωτεύουσα της Λευκάδας, Πρακτικά Συνεδρίου, Πνευματικό Κέντρο Δήμου Λευκάδας, Γιορτές Λόγου και Τέχνης, Αύγουστος 2010, ed. Ch. Papadatou-Giannopoulou (Lefkada, 2016), 61–72.

continued over

Πλιάκου, Γ. and Β. Γκίζα, 'Μία ρωμαϊκή αγροικία στη χώρα της αρχαίας Λευκάδας', *Villae rusticae: family and market-oriented farms in Greece under Roman rule: Proceedings of an international congress held at Patrai, 23–24 April 2010*, ed. Α. Δ. Ριζάκης and Ι. Π. Τουράτσογλου (National Hellenic Research Foundation, Institute of Historical Research, Athens, 2013), 734–749.

Ροντογιάννης, Π. Γ., *Ιστορία της νήσου Λευκάδος*, 2 vols (Εταιρεία Λευκαδικών Μελετών, Athens, 2005).

Σκλαβενίτης, Σπ., 'Υφέρπουσες Οικονομικές προκλήσεις σε παραβατική συμπεριφορά: βυζαντινοί αξιωματούχοι στην Λευκάδα του 13ου αιώνα' , *Θ΄ Πανιόνιο Συνέδριο, Παξοί, 26–30 Μαΐου 2010, Πρακτικά*, vol. 1 (Athens, 2014), 297–308.

Haberstumpf, W., 'I Tocco, Duchi di Leucade, e il Principato d'Acaia (secoli xiv–xvi)', *Venezia e le isole Ionie*, ed. C. Maltezou and G. Ortalli (Istituto Veneto di Scienze, Lettere ed Arti, Venice, 2005), 57–70.

Petrizzopulo, D., *Saggio storico sull' età di Leucadia: sotto il dominio de' Romani e successivi conquistatori* (Venice, 1824).

Schirò, G., 'Il Ducato di Leucade e Venezia fra il XIV–XV secolo', *Atti dell'Istituto Veneto di Scienze, Lettere ed Arti* 132 (1973–1974), 593–618; and *Byzantinische Forschungen* 5 (1977), 353–379.

7.2
RELIGIOUS STUDIES
AND ECCLESIASTICAL HISTORY

Ζαμπέλης, Π. Γ., *Ιστορία της εκκλησίας της Λευκάδας*, 3 vols (Lefkada, 2004).
Κεφαλλωνίτου, Φρ., 'Στα ίχνη της Παλαιοχριστιανικής Λευκάδας', *Ζ' Πανιόνιο Συνέδριο, Λευκάδα 26–30 Μαΐου2002, Πρακτικά*, vol. 2 (Athens, 2004), 165–172.
Μιχάλαγα, Δ. Στ., 'Η Λευκάδα στην εκκλησιαστική ιστορία', *Πρακτικά ΚΑ´ Συμποσίου, η Εκκλησία της Λευκάδας, η Κοινωνία και η Τέχνη, Γιορτές Λόγου και Τέχνης, Λευκάδα 8–10 Αυγούστου 2016* (Athens 2017), 43–60.
———, 'Το εκκλησιαστικό οφφίκιο του «πρωτοπαπά» και η λειτουργία του στα βενετοκρατούμενα Επτάνησα', *Ι΄ Διεθνές Πανιόνιο Συνέδριο, Κέρκυρα, 30 Απριλίου – 4 Μαΐου 2014, Τα Πρακτικά ΙΙ. Ιστορία – Εκκλησία – Ιστορία της Τέχνης*, ed. Θ. Πυλαρινός, Π. Τζιβάρα and Σπ. Χρ. Καρύδης: *Κερκυραϊκά Χρονικά*, περ. Β΄, 9 (2016), 369–382.
Περδικάρης, Α. Γ., 'Η οσία Άννα η εν τω Λευκάτη (μεταξύ 829 μ.Χ. και 936 μ. Χ.)', *Βυζαντινός Δόμος*, 15 (2006), 251–263.
Karydis, S. C., 'Collective patronage and the question of the origin of the Orthodox religious confraternities in the Latin–Greek area', *Studi in onore del prof. Giorgio Fedalto*, Istituto Ellenico di Studi Bizantini e Postbizantini di Venezia, Biblioteca 32 (Athens and Venice, 2016), 237–258.
Schreiner, P., 'Das Hodegetria-Kloster auf Leukas im 11. Jahrhundert Bemerkungen zu einer Notiz im Vat. Gr. 2561', *Byzantinische Forschungen* 12 (1987), 57–64.
Seymour, A., 'Leucas (Santa Maura): a forgotten Jewry', *Bulletin of Judaeo-Greek Studies* 7 (1990), 21–22.
Zečević, N., 'The endowment license of Pope Sixtus IV to Leonardo III Tocco (10 September 1476): the Church of St. Demetrios on Lefkada', *Inicijal/Initial: A Review of Medieval Studies* 3 (2015), 225–240.

7.3
ART HISTORY

Δημητρακοπούλου, Π., 'Αρχιτεκτονικά γλυπτά βυζαντινής περιόδου από τη Λευκάδα', *Επετηρίς Εταιρείας Λευκαδικών Μελετών* 10 (2004–2005), 11–35.

Κωνστάντιος, Δ., 'Παρατηρήσεις στην εκκλησιαστική ζωγραφική της Λευκάδας', *Δ΄ Πανιόνιο Συνέδριο Πρακτικά* (Corfu, 1978), vol. 2: *Κερκυραϊκά Χρονικά* 26 (1982), 340–354.

Ροντογιάννης, Π. Γ., *Η χριστιανική τέχνη στη Λευκάδα*, Επετηρίς Εταιρείας Λευκαδικών Μελετών 3 (Athens, 1974); repr. with index, ed. Τ. Ε. Σκλαβενίτης (Athens, 2017).

Σολδάτος, Χρ., *Χριστιανική ζωγραφική: η μεταβυζαντινή και επτανησιακή τέχνη στις εκκλησίες και τα μοναστήρια της Λευκάδας (15ος–20ός αιώνας)* (Εταιρεία Λευκαδικών Μελετών, Athens, 1999).

Τριανταφυλλόπουλος, Δ. Δ., 'Παράδοση, αμφιθαλότητα και εκκοσμίκευση: από την Απόλπενα της Λευκάδας (μέσα 15ου αι.) στην Επτανησιακή Σχολή Ζωγραφικής (18ος αι.)', *Ε΄ Συνάντηση Βυζαντινολόγων Ελλάδος και Κύπρου (2003)* (Ιόνιο Πανεπιστήμιο, Τμήμα Ιστορίας, Corfu, 2005), 45–85.

Katselaki, A., 'Remarques sur les peintures murales de l'église de la Vierge Hodegetria à Apolpena (Lefkada–Grèce)', *XXe Congrès International des Études Byzantines*, Collège de France – Sorbonne (19–25 Août 2001), *Pré-Actes, III. Communications libres* (Paris, 2001), 343.

7.4
ARCHAEOLOGY AND MONUMENTS

Ανδρέου, Ι., 'Νήρικος – Λευκάς – Κάστρο – Αγία Μαύρα – Αμαξική – Λευκάδα: ονόματα, τοπογραφία, μνημεία και ιστορικό περίγραμμα', *Νήρικος – Λευκάς – Κάστρο – Η μακροβιότερη πρωτεύουσα της Λευκάδας, Πρακτικά Συνεδρίου, Πνευματικό Κέντρο Δήμου Λευκάδας, Γιορτές Λόγου και Τέχνης, Αύγουστος 2010*, ed. Ch. Papadatou-Giannopoulou (Lefkada, 2016), 19–58.

Αργυρός, Π., 'Ο Άγιος Νικόλαος στον Νικολή. Τα μεσοβυζαντινά ερείπια και η αποκατάσταση του μεταβυζαντινού ναού', *Πρακτικά ΚΑ΄ Συμποσίου, Η Εκκλησία της Λευκάδας, η Κοινωνία και η Τέχνη, Γιορτές Λόγου και Τέχνης, Λευκάδα, 8–10 Αυγούστου 2016* (Athens, 2017), 103–115.

Βαγενάς, Ν., *Το κάστρο της Αγίας Μαύρας 1300–1977* (Public Library of Lefkada, Athens, 2001).

Γαλανίδου, Ν., Ο. Βικάτου, Μ. Σταυροπούλου-Γάτση, Α. Βασιλάκης, Β. Στάικου, Γ. Ηλιόπουλος, Μ. Βέικου, J. Forsén, C. Morgan, J. Vroom, Χρ. Παπούλια, Π. Ζερβουδάκης and Κ. Πρασσάς, 'Η αρχαιολογική έρευνα επιφανείας στο εσωτερικό αρχιπέλαγος του Ιονίου', *Το Αρχαιολογικό Έργο στην Αιτωλοακαρνανία και τη Λευκάδα, Πρακτικά 2ου Διεθνούς Αρχαιολογικού και Ιστορικού Συνεδρίου, 6–8 Δεκεμβρίου 2013*, ed. Ο. Βικάτου, Β. Στάικου, Φ. Σαράντη (Messolonghi, 2018), 445–473.

Δημητρακοπούλου, Π., 'Αρχαιολογικές μαρτυρίες για τη Λευκάδα από την παλαιοχριστιανική περίοδο μέχρι τον 15ο αιώνα', *Η΄ Διεθνές Πανιόνιο Συνέδριο, Κύθηρα, 21–25 Μαΐου1996, Πρακτικά*, vol. 1 (Kythera, 2009), 182–218.

Καπώνης, Ν., 'Η αρχαία Νήρικος και η Λευκάδα στις βυζαντινές φιλολογικές και ιστορικές πηγές', *Νήρικος – Λευκάς – Κάστρο – Η μακροβιότερη πρωτεύουσα της Λευκάδας, Πρακτικά Συνεδρίου, Πνευματικό Κέντρο Δήμου Λευκάδας, Γιορτές Λόγου και Τέχνης, Αύγουστος 2010*, ed. Ch. Papadatou-Giannopoulou (Lefkada, 2016), 199–234.

continued over

Κατσούλη, Ε. Γ., 'Εργασίες στερέωσης και αποκατάστασης σε εκκλησιαστικά μνημεία υπό την εποπτεία της 22ης Εφορείας Βυζαντινών Αρχαιοτήτων στη Λευκάδα κατά τα έτη 2009–2011', *Το αρχαιολογικό έργο της Εφορείας Βυζαντινών Αρχαιοτήτων στην Αιτωλοακαρνανία και την Λευκάδα, Πρακτικά Ημερίδας*, ed. I. Π. Χουλιαράς (Nafpaktos, 2014), 79–86.

Μαμαλούκος, Στ., 'Η εκκλησιαστική αρχιτεκτονική της Λευκάδας από τον Μεσαίωνα ως σήμερα. Μια γενική επισκόπηση', *Πρακτικά ΚΑ΄ Συμποσίου, η Εκκλησία της Λευκάδας, η Κοινωνία και η Τέχνη, Γιορτές Λόγου και Τέχνης, Λευκάδα, 8–10 Αυγούστου 2016* (Athens, 2017), 117–151.

Μαχαιράς, Κ. Γ., *Το εν Λευκάδι φρούριον της Αγίας Μαύρας* (Athens, 1956).

———, *Ναοί και μοναί της Λευκάδος*, Βιβλιοθήκη Ιστορικών Μελετών 227 (Athens, 1957; 1989).

Παλιούρας, Α., 'Τα κάστρα Πρέβεζας – Βόνιτσας – Λευκάδας στην εποχή της Βενετοκρατίας', *Πρακτικά Α΄ Διεθνούς Επιστημονικού Συνεδρίου, Η Ιστορία της Πρέβεζας, Πρέβεζα, 22–24 Σεπτ. 1989* (Preveza, 1993), 43–48.

Παπαδοπούλου, Β. Ν. (ed.), *Η Παναγία της Κορωνησίας* (Arta, 2016).

Σμύρης, Γ., 'Στοιχεία για τη μεσαιωνική Λευκάδα: η Ακρόπολη στον Κούλμο', *Ζ΄ Πανιόνιο Συνέδριο, Λευκάδα, 26–30 Μαΐου 2002, Πρακτικά*, vol. 2 (Athens, 2004), 147–164.

Σταυροπούλου, Α., 'Ιάκωβος, ο χορηγός του Ναού της Οδηγήτριας στην Απόλπενα Λευκάδας, *η Χριστιανική Τέχνη στη Λευκάδα, 15ος–19ος αιώνας*', *Πρακτικά Γ΄ Συμποσίου, Γιορτές Λόγου και Τέχνης, Λευκάδα, 8–9 Αυγούστου 1998* (Athens, 2000), 21–36.

Φίλιππα-Αποστόλου, Μ., 'Η Οδηγήτρια της Λευκάδας: ιστορικές φάσεις, από την τοπική ιστορία στη συνολική: το παράδειγμα της Λευκάδας, 15ος–19ος αι.', *Πρακτικά Δ΄ Συνεδρίου Επτανησιακού Πολιτισμού, Λευκάδα, 8–12 Σεπτεμβρίου 1993* (Athens, 1996), 133–159.

———, 'Η Ιερά Μονή Παναγίας Ευαγγελίστριας ή η Κόκκινη Εκκλησιά στην Λευκάδα', *Εκκλησίες στην Ελλάδα μετά την Άλωση* 5 (Athens, 1998), 23–36.

Φίλιππα-Αποστόλου, Μ. and Π. Αργυρός, 'Τα Μοναστήρια της Λευκάδας, η σχέση τους με το γεωγραφικό χώρο και η αρχιτεκτονική τους', *Η Χριστιανική Τέχνη στη Λευκάδα, 15ος–19ος αιώνας, Πρακτικά Γ΄ Συμποσίου, Γιορτές Λόγου και Τέχνης, Λευκάδα, 8–9 Αυγούστου 1998* (Athens, 2000), 67–80.

7.5
HISTORICAL GEOGRAPHY AND CARTOGRAPHY

Δένδιας, Μ., 'Λευκάς ή Άρτα; Ερμηνεία ενός χωρίου του οδοιπορικού του Βενιαμίν εκ Τουδέλης', *Ηπειρωτικά Χρονικά* 6 (1931), 23–28.

May, S. M., A. Vött, H. Brückner and A. Smedil, 'The Gyra washover fan in the Lefkada lagoon, NW Greece: possible evidence of the 365 AD Crete earthquake and tsunami', *Earth Planets Space* 64 (2012), 859–874.

Partsch, J., *Die Insel Leukas: eine geographische Monographie* (Gotha, 1889).

———, *Η νήσος Λευκάς: γεωγραφική μονογραφία*, tr. Α. Φωτεινού (Athens, 2010). [Translation of the previous item]

8
ZAKYNTHOS AND THE STROPHADES ISLANDS

8.1 : POLITICAL AND GENERAL HISTORY

Δεβιάζης, Σπ., 'Η Εβραϊκή κοινότης Ζακύνθου επί Ενετοκρατίας', *Παρνασσός*, 10, 11, 12 (1892), 624–637, 662–670, 723–735.

Ζαπάντη, Στ., Η Ιθάκη στα πρώτα χρόνια της βενετοκρατίας (1500–1571), *Κεφαλληνιακά Χρονικά* 3 (1995–1998), 129–133.

Ζώης, Λ. Χ., *Λεξικόν Φιλολογικόν και Ιστορικόν Ζακύνθου*, 3 vols (Zakynthos, 1898; Athens, 1963).

Μπουμπουλίδης, Φ. Κ., 'Συμβολή εις τη ιστορίαν της Ζακυνθίας οικογενείας Σιγούρου επί Ενετοκρατίας', *Εφημερίς του Μεσαιωνικού Αρχείου* 7 (1957), 84–128.

Χιώτης, Π., *Ιστορικά απομνημονεύματα της νήσου Ζακύνθου,* 2 vols (Corfu, 1958).

Gregory, T., 'Zakynthos', *Oxford Dictionary of Byzantium*, vol. 3, 2219–20.

Savvides, A., 'Zaklise', *Encyclopaedia of Islam*, 2nd edn, vol. II, (Leiden, 2002), 426.

Seymour, A. A. D., 'The Jewries of Zakynthos (Zante) during Venetian Rule. Some References', *Bulletin of Judaeo–Greek Studies* 4 (1989), 15–21.

8.2
RELIGIOUS STUDIES AND ECCLESIASTICAL HISTORY

Αβούρης, Σπ. Ν., 'Ζακύνθου Μητρόπολις', *Θρησκευτική και Ηθική Εγκυκλοπαιδεία*, vol. 5 (Athens, 1964), 1179–1180.

——, 'Ονομασίες της Παναγίας στη Ζάκυνθο', *Λαογραφία* 30 (1975–1976), 353–356.

Θεοχάρη, Μ. Σ., 'Ιστορημμένον χειρόγραφον εκ της Μονής Αγίου Γεωργίου των Κρημνών Ζακύνθου, *Γ' Πανιόνιον Συνέδριον, Πρακτικά*, vol. 2 (Athens, 1969), 280–291.

Καρύδης, Σπ. Χρ., 'Η εκλογή του πρωτοπαπά Ζακύνθου και το ζήτημα της επισκοπής Κυθήρων κατά την περίοδο της βενετικής κυριαρχίας', *Θησαυρίσματα / Thesaurismata* 38 (2008), 349–370.

Λαμπροπούλου, Α., 'Σταθμοί στην ιστορία της Μονής Στροφάδων: μία πρώτη προσέγγιση', *Πρακτικά του Ηλειακού Πνευματικού Συμποσίου 1993*, Πελοποννησιακά Παράρτημα 21 (Athens, 1994), 289–306.

Μούσουρας, Δ., *Αι Μοναί Στροφάδων και Αγίου Γεωργίου των Κρημνών Ζακύνθου* (Athens, 2003).

——, 'Η μονή Στροφάδων (1200–1500). Ένα παράδειγμα αμυντικού μοναχισμού', *Ο μοναχισμός στην Πελοπόννησο, 4ος–15ος αι.*, ed. Β. Κόντη (Ινστιτούτο Βυζαντινών Ερευνών, Εθνικό Ίδρυμα Ερευνών, Athens, 2004), 215–241.

——, 'Μετόχια της Ι. Μ. Αγίου Γεωργίου των Κρημνών Ζακύνθου', *Στ' Διεθνές Πανιόνιο Συνέδριο, Ζάκυνθος 23–27 Σεπτεμβρίου 1997, Πρακτικά*, vol. 2 (Athens, 2001), 267–292.

Παπαγιαννόπουλος-Παλαιός, Α., 'Χριστιανικαί επιγραφαί Ζακύνθου', *Αιξωνή* 3 (1953), 32–35.

Φλεμοτόμος, Δ., 'Το πέρασμα του ιερού λειψάνου του Αγίου Νικολάου από τη Ζάκυνθο', *Άγιοι και εκκλησιαστικές προσωπικότητες στη Ζάκυνθο, Πρακτικά Συνεδρίου, Ζάκυνθος 6–9 Νοέμβρη 1997*, vol. 2 (Athens, 1999), 83–106.

Zakythinos, D. A. and C. A. Maltezou, 'Contributo alla storia dell'episcopate latino di Cephalonia e Zante (1412–1664)', *Μνημόσυνον Σοφίας Αντωνιάδη* (Βιβλιοθήκη του Ελληνικού Ινστιτούτου Βενετίας Βυζαντινών και Μεταβυζαντινών Σπουδών, Venice, 1974), 65–119.

8.3
ART HISTORY

Βοκοτόπουλος, Π. Λ., 'Οι τοιχογραφίες του Αγίου Νικολάου στο Λαγόποδο της Ζακύνθου', *Πελοποννησιακά* 30 (2011), 104–126.

Γεωργοπούλου-Βέρρα, Μ., 'Εικόνες του 15ου αιώνα στη Ζάκυνθο', *Δελτίον της Χριστιανικής Αρχαιολογικής Εταιρείας*, περ. Δ', 22: *Στη μνήμη του Μανόλη Χατζηδάκη (1909–1998)* (2001), 115–128.

Κολυβά, Μ., ' "Miracolo di San Marco": η Translatio Sancti Marci, η μονή της Θεοτόκου των Στροφάδων Νήσων και το μωσαϊκό του παρεκκλησίου του αγίου Κλήμεντα στη βασιλική του Αγίου Μάρκου της Βενετίας', *Ι' Διεθνές Πανιόνιο Συνέδριο, Κέρκυρα, 30 Απριλίου – 4 Μαΐου 2014, Τα Πρακτικά, Ι: Ιστορία, ενότητες Α' και Β'*, ed. Θ. Πυλαρινός and Π. Τζιβάρα, *Κερκυραϊκά Χρονικά*, περ. Β', 8 (2015), 645–664. [See Kolyva below for a translation.]

Κονόμος, Ντ., *Ιστορικές εικόνες της Παναγίας στη Ζάκυνθον* (Athens, 1973).

Μανούσακας, Μ. Ι., Π. Λ. Βοκοτόπουλος and Μ. Αχειμάστου Ποταμιάνου, *Εικόνες της Ζακύνθου: μνήμη Μανόλη Χατζηδάκη* (Κέντρο Έρευνας Βυζαντινής και Μεταβυζαντινής Τέχνης, Ακαδημία Αθηνών, Athens, 1999).

Μυλωνά, Ζ. Α., 'Η εκκλησιαστική τέχνη στη Ζάκυνθο από τον 11ο έως τις αρχές του 13ου αιώνα', *Ζάκυνθος: 'Λογοτεχνικό Ιστορικό και Λαογραφικό Ημερολόγιο'* (Athens, 2002), 249–256.

———, *Μουσείο Εκκλησιαστικής Τέχνης Ιεράς Μονής Στροφάδων και Αγίου Διονυσίου* (Athens, 2011).

Στουφή-Πουλημένου, Ι., 'Ο ναός της Αγίας Θέκλης Βολιμών Ζακύνθου και η παλαιότερη φάση των τοιχογραφιών του', *Δελτίον Χριστιανικής Αρχαιολογικής Εταιρείας*, περ. Δ', 19 (1996–1997), 221–236.

———, 'Χριστιανικά γλυπτά του Μουσείου Ζακύνθου', *Στ' Διεθνές Πανιόνιο Συνέδριο, Ζάκυνθος, 23–27 Σεπτεμβρίου 1997, Πρακτικά*, vol. 4 (Athens, 2004), 535–563.

———, 'Το καθολικό της Μονής Αγίου Γεωργίου των Κρημνών. Αρχιτεκτονική και ζωγραφικός διάκοσμος', *Παχώμιος Ρουσάνος: 450 χρόνια από την κοίμησή του (†1553), Πρακτικά Διεθνούς Επιστημονικού Συμποσίου, Ζάκυνθος, 9–12 Οκτωβρίου 2003* (Ιερά Μητρόπολις Ζακύνθου και Στροφάδων, Athens, 2005), 141–177.

Στουφή-Πουλημένου, Ι. [*continued*], 'Ιόνια νησιά, III: Ζάκυνθος: εκκλησιαστική τέχνη', *Μεγάλη Ορθόδοξη Εγκυκλοπαίδεια*, vol. 9 (Athens, 2013), 37–40.

———, *Μεταβυζαντινές τοιχογραφίες στις Εκκλησίες της Ζακύνθου (15ος–18ος αιώνας)* (Athens, 2014).

———, 'Τα βημόθυρα του τέμπλου της Παναγίας της Σκοπιώτισσας στη Ζάκυνθο έργα του Ηλίου (Λέου) Μόσκου;', *ΙΑ´ Διεθνές Πανιόνιο Συνέδριο, Επτανησιακός βίος και πολιτισμός, Κεφαλονιά, 21–25 Μαΐου 2018, Πρακτικά*, vol. 5, ed. Δ. Φ. Μαρκάτου (Argostoli, 2020), 513–532.

Χατζηδάκης, Μ., 'Παναγία η Επισκοπιανή: μία βυζαντινή εικόνα στη Ζάκυνθο', *Θησαυρίσματα / Thesaurismata*, 16 (1979), 387–392.

Χουλιαράς, Ι. Π., Βυζαντινές και Μεταβυζαντινές Τοιχογραφίες στη Ζάκυνθο (12ος–17ος αι.), *Περιλήψεις πρώτου κύκλου διαλέξεων για την συντήρηση και τον πολιτισμό*, ed. Χρ. Χ. Καρύδης (Zakynthos, 2012), 13–15.

Koder, J., 'Art. Zakynthos', *Lexikon des Mittelalters*, vol. 9 (1998), 470–471.

Kolyva, M., 'Miracolo di San Marco. La Translatio Sancti Marci, il monastero della Beata Vergine delle Isole Strofadi (Zante) ed il mosaico della cappella di san Clemente nella basilica di san Marco di Venezia', *Θησαυρίσματα / Thesaurismata* 45 (2015), 181–197. [See Κολυβά above for the original Greek version.]

8.4
ARCHAEOLOGY AND MONUMENTS

Ζήβας, Δ. Α., *Η αρχιτεκτονική της Ζακύνθου από τον ΙΣΤ´ μέχρι τον ΙΘ´ αι.* (Athens, 1970).

Κονόμος, Ντ., *Ναοί και μονές στη Ζάκυνθο* (Ιονική και Λαϊκή Τράπεζα Ελλάδος, Athens, 1964).

———, *Εκκλησίες και μοναστήρια στη Ζάκυνθο* (Athens, 1967).

Μαμαλούκος, Στ., 'Παρατηρήσεις στην αρχιτεκτονική του ναού του Σωτήρος στο Κάστρο της Ζακύνθου', *Πορεία: τιμητικός τόμος στον Καθηγητή Δ. Α. Ζήβα*, ed. Μ.-Ε. Γραφάκου, Μ. Καρδαμίτση-Αδάμη and E. Μαΐστρου (Athens, 2007), 322–335.

Μυλωνά, Ζ. Α., *Το κάστρο της Ζακύνθου* (Athens, 2003).

———, 'Το καθολικό της Μονής της Σκοπιώτισσας', *Αρχαιολογική Εφημερίς*, 123 (1984), 96–100.

———, 'Το καθολικό της μονής Παναγίας της Σκοπιώτισσας στη Ζάκυνθο', *Μονές της Ζακύνθου. Ιστορία – Αρχιτεκτονική – Τέχνη, Επιστημονική Ημερίδα, 16 Νοεμβρίου 1996, Πρακτικά* (Zakynthos, 1998), 67–87.

———, 'Ο ναός του Κάτω Αγίου Γεωργίου των Κρημνών', *Παχώμιος Ρουσάνος. 450 χρόνια από την κοίμησή του (†1553). Πρακτικά διεθνούς επιστημονικού συμποσίου, Ζάκυνθος, 9–12 Οκτωβρίου 2003* (Ιερά Μητρόπολις Ζακύνθου και Στροφάδων, Athens, 2005), 129–40.

Πουλημένος, Γ. Α., 'Ο βυζαντινός ναός του Αγίου Νικολάου του Μεγαλομάτη ή Στρατηλάτη στο Σκοπό στη Ζάκυνθο', *Δελτίον Χριστιανικής Αρχαιολογικής Εταιρείας*, περ. Δ´, 14 (1987–1988), 83–100.

Πουλημένος, Γ. and Ι. Στουφή-Πουλημένου, 'Το οικοδομικό χρονικό της Ιεράς μονής Μεταμορφώσεως του Σωτήρος Στροφάδων', *Μονές της Ζακύνθου: Ιστορία, Αρχιτεκτονική, Τέχνη: Πρακτικά Επιστημονικής Ημερίδας 16 Νοεμβρίου 1996* (Ιερά Μητρόπολις Ζακύνθου, Zakynthos, 1998), 211–268.

Στουφή-Πουλημένου, Ι., 'Ο Άγιος Νικόλαος στο Νησί στη Ζάκυνθο: Μια άγνωστη παλαιοχριστιανική βασιλική', *Δελτίον Χριστιανικής Αρχαιολογικής Εταιρείας*, περ Δ´, 14 (1987–1988), 267–276.

Zivas, D. A., 'Resti bizantini nella Zante veneziana', *Venezia e le isole Ionie*, ed. C. Maltezou and G. Ortalli (Istituto Veneto di Scienze, Lettere ed Arti, Venice, 2005), 21–41.

8.5
HISTORICAL GEOGRAPHY AND CARTOGRAPHY

Partsch, J., 'Die Insel Zante,' *Petermanns Geographische Mitteilungen* 37 (1891), 161–164.

INDEX

INDEX OF AUTHORS, EDITORS AND TRANSLATORS

This is primarily an index of authors, with some entries for editors and translators of individual works listed. Those whose names appear in bibliographical entries only as the editors of collected volumes in which the individual works were published are not listed.

The references are to the numbered sections of the bibliography. Where the section number is followed by a name in brackets it means that the author, editor or translator whose index entry this is will be found in a bibliography entry listed under the name in brackets in the section in question. The name in brackets will in most cases be the first named author of a work with two or more authors.

For Greek authors or editors whose names appear in Greek characters in some publications and in Latin characters in others, there are two entries: one for each form of their name, with a cross-reference to the other form. In cases of listings under two-part but unhyphenated surnames, the second part is listed separately but only to be referred to the combined form.

Αβούρης, Σπ. Ν. — 3.2, 8.2
Αγγελομάτη-Τσουγκαράκη, Ε. — 4.1, 4.5, *see also* Angelomatis-Tsougarakis, H.
Αγίους, Α. Ι. — 4.1
Αγοροπούλου-Μπιρμπίλη, Α. — 4.1, 4.4, 6.3
Αλιβιζάτος, Α. — 3.2
Αλιπράντης, Π. Δ. — 6.4
Αλμπάνη, Τζ. — 4.3
Άμαντος, Κ. — 6.1
Ανδρεάδης, Α. Μ. — 3.1
Ανδρέου, Ι. — 7.4
Ανδριώτη, Ε. — 4.2
Αντζουλάτος, Γ. Φ. — 6.2, 6.5
Αντωνακάτου, Ντ. — 6.2
Ανωγιάτης, Δ. — 3.1(Λάζαρη)
Αποστολόπουλος, Γ. — 6.5(Κατσίγερα)

Αργυρός, Π. — 7.4, 7.4(Φίλιππα-Αποστόλου)
Ασδραχά, Αι. — 4.1(Ασδραχάς, Σπ.), *see also* Asdracha, C.
Ασδραχάς, Σπ. — 4.1, see also Asdrachas, S. / S. I.
Ασωνίτης, Σπ. Ν. — 3.1, 4.1, 4.2, 6.1, 7.1 *see also* Asonites, S. N.
Ατζακά / Ατζακά-Ασημακοπούλου, Π. Ι. — 3.3(Πελεκανίδης), 3.4(Πελεκανίδης)
Αχειμάστου-Ποταμιάνου, Μ. — 8.3(Μανούσακας)

Βαγενάς, Ν. — 7.4
Βαγιακάκος, Δ. Β. — 6.5
Βαγιωνάκης, Χρ. — 6.1(Μοσχονάς)
Βανδαράκης, Δ. — 6.5 (Κατσίγερα)
Βασιλάκης, Α. — 7.4(Γαλανίδου)
Βέγιας, Π. — 4.5(Partsch)
Βέικου, Μ. — 7.4(Γαλανίδου), *see also* Veikou, M.
Βέλλας, Μ. — 4.1
Βικάτου, Ο. — 7.4(Γαλανίδου)
Βλαντής, Σπ. Α. — 7.1
Βλάχου, Ν. Δ. — 4.1
Βλυσίδου, Β. — 3.1
Βογιατζής, Σ. — 4.4
Βοκοτόπουλος, Π. Λ. — 3.3, 3.4, 4.1, 4.3, 4.4, 6.3, 8.3, 8.3(Μανούσακας), *see also* Vokotopoulos, P. L.
Βολανάκης, Ι. Η. — 6.3
Βούλγαρης, Ν.-Τ. — 4.2
Βούλγαρης, Στ.-Κ. — 1.0
Βουλισμάς, Ε. — 4.1, 4.2

Γαλάνης, Στ. — 4.4(Καπανδρίτη)
Γαλανίδου, Μ. — 7.4
Γαλώνη, Αι. — 4.1
Γαούτσης, Σπ. Π. — 4.4
Γασπαρινάτος, Σπ. Γ. — 3.1
Γαστεράτος, Γ. — 3.1, 4.2
Γεωργοπούλου-Βέρρα, Μ. — 8.3, *see also* Georgoupoulou, M.
Γιαρένης, Η. — 3.1, 31(Παππάς), *see also* Giarenis, I.
Γιωτοπούλου-Σισιλιάνου, Ε. — 2.0, 4.1, *see also* Yotopoulou-Sicilianou, E.
Γκίζα, Β. — 7.1(Πλιάκου)

Γκρινιάτος, — 4.1(Ροδολάκης)
Γρηγορίου-Ιωαννίδου Μ. — 3.1

Δαφνής, Κ. — 4.1
Δεβιάζης, Σπ. — 8.1
Δένδιας, Μ. — 7.5
Δημητρακοπούλου, Π. — 3.3(Βοκοτόπουλος), 7.3, 7.4
Διαγωμά, Β. — 4.1
Δόϊκας, Ι. — 5.0
Δρακοπούλου, Ε. — 3.3(Χονδρογιάννης)
Δρακούλης, Δ. Π. — 3.1
Δρούλια, Λ. — 2.0

Ευστρατιάδης, Σ. — 4.1

Ζαμπέλης, Π. Γ. — 7.2
Ζακυθηνός, Δ. Α. — 3.1, 3.2, 6.1, 6.2, 6.5, 7.1, see also Zakythinos, D.
Ζαπάντη, Στ. / Στ. Σ. — 6.1, 6.2, 6.5, 8.1
Ζαρίδη, Αι. — 4.1
Ζάχου, Β. — 3.1
Ζάχου, Β.-Κ. — 3.1, see also Zachou, V. K.
Ζερβουδάκης, Π. — 7.4(Γαλανίδου)
Ζερνιώτη-Βεργή, Δ. — 4.4
Ζήβας, Δ. Α — 3.3, 8.4, see also Zivas, D. A.
Ζώης, Λ. Χ. — 8.1

Ηλιόπουλος, Γ. — 7.4(Γαλανίδου)

Θεοτόκης, Σπ. Μ. — 4.1
Θεοχάρη, Μ. Σ. — 6.3, 8.2

Ιθακήσιος, see Καραβίας-Γρίβας, Ν.

Καιροφύλλας, Κ. — 3.1
Κακαβάς, Γ. — 3.3
Καλλιπολίτης, Β. Γ. — 4.1
Καμονάχου, Μ. — 4.4
Καπανδρίτη, Α. — 4.4

Καπώνης, Ν. — 7.4
Καραβίας-Γρίβας, Ν. (Ιθακήσιος) — 6.1
Καραμπούλα, Δ. Π. — 4.1, 4.1(Παπαρρήγα-Αρτεμιάδη)
Καραπιδάκης, Ν. Ε. — 3.1, 4.1, see also Karapidakis, N. E.
Καρύδης, Δ. — 4.1
Καρύδης, Δ. Ε.-Γ. — 4.2
Καρύδης, Σπ. Χρ. — 3.2, 4.1, 4.2, 4.2(Κοντογιάννης), 8.2, see also Karydis, S. C.
Καρύδης, Σπ. — 1.0(Τζιβάρα), 2.0
Κατσαρός, Σπ. — 4.1
Κατσίβελα, Ο. — 6.1(Μοσχονάς)
Κατσίγερα, Α. — 6.5
Κατσούλη, Ε. Γ. — 7.4
Κεφαλλωνίτου, Φρ. — 7.2
Κλήμης, Ο. Κ. — 4.1
Κολυβά, Μ. — 8.3, see also Kolyva, M.
Κονιδάρης, Ι. Μ. — 4.1
Κονόμος, Ντ. — 6.3, 6.4, 8.3, 8.4
Κοντή, Β. — 2.0(Δρούλια), 2.0
Κοντογιάννης, Σπ. Δ. — 4.2
Κοντοστάνος, Μ. — 4.2
Κορδώσης, Μ. Σ. — 6.5
Κοσκινάς, Α. — 3.1
Κουρή, Π. — 4.1
Κουρκούλας, Κ. Κ. — 3.2
Κουρκουμέλης, Ν. Κ. — 3.5
Κουτελάκης, Χ. — 7.1
Κωνσταντινίδης, Κ. Ν. — 4.2
Κωνστάντιος, Δ. — 3.4, 7.3

Λάζαρη, Σ. — 3.1
Λάκκος, Γ. (= Γ. Λύχνος) — 5.0
Λαμπάκης, Σ. — 3.1(Βλυσίδου)
Λαμπρινού, Μ. — 7.1
Λαμπροπούλου, Α. — 8.2
Λαμπρός, Σπ. Π. — 4.1
Λεοντιάδου, Ε. Χ. — 4.1(Λίτσας)
Λεοντσίνη, Μ. — 3.1(Βλυσίδου), 3.1, see also Leontsini, M.
Λιβαθυνόπουλος, Π. — 3.2

Λιβιεράτος, Ε. — 3.5, 6.5
Λινάδρος, Γ. Σ. — 4.1
Λίτσας, Ε. Κ. — 4.1
Λουγγής, Τ. — 3.1(Βλυσίδου), 6.1
Λουκάτος, Σ. Δ. — 6.2
Λυκούδη, Ε. Χ. — 6.4
Λύχνος, see Λάκκος

Μαζαράκη, Δ. Α. — 4.3(Μαζαράκης, Α. Δ.)
Μαζαράκηs, Α. Δ. — 4.3, 4.4, 4.5
Μαλτέζου, Χρ. — 3.2, 4.4, see also Maltezou, C. A.
Μαμαλούκος, Στ. — 7.4, 8.4
Μανάφης, Κ. / Κ. Α. — 4.2
Μανής, Ε. Ι. — 4.1, 4.2
Μανούσακας, , Μ. Ι. — 8.3
Μάρμορας, Α. — 4.1, see also Marmora, A.
Ματαράγκα,, Κ. — 6.4(Σμπόνιας)
Μαυρομάτης, Γ. Κ. — 4.1(Αγγελομάτη-Τσουγκαράκη)
Μαχαιράς, Κ. Γ. — 7.4
Μέντζου-Μεϊμάρη, Κ. — 4.4
Μεσολωράς, Ι. Ε. — 6.2
Μεταλληνός, Γ. / Γ. Δ. — 4.2, 6.2(Λουκάτος), 6.2, see also
    Metallinos, G. D.
Μεταλληνός, Δ. — 3.2
Μεταλληνός, Ε. — 4.4
Μεταλληνός, Κ. — 4.2
Μηλιαράκης, Α. — 3.5, 4.1, 6.5
Μητουλάκης, Δ. — 4.1(Βλάχου)
Μητρόπολις Κερκυρας — 4.3
Μιχάλαγα, Δ. / Δ. Στ. — 6.1(Μοσχονάς), 6.2, 7.2
Μιχαλέας, Σπ. — 4.1(Ζαρίδη)
Μιτσιάλης, Α. Π. — 5.0(Martelli)
Μοσχονά, Π. / Π. Ν. — 2.0, 3.5
Μοσχονάς, Ν. Γ. — 3.1, 6.1, 6.2(Λουκάτος), 6.4
Μοσχόπουλος, Γ. Ν. — 6.1, 6.5(Partsch), see also
    Moschopoulous, G. N
Μούσουρας, Δ. — 8.2
Μουτζάλη, Α. —6.5
Μούχας, Κ. — 2.0(Legrand)

Μπαλλού, Μ. — 4.1(Βλάχου)
Μπελαβγένη — 6.1(Μοσχονάς)
Μπεριάτος, Η. — 6.4, see also Beriatos, I.
Μπίθα, Ι. — 4.3
Μπλέτας, Μ. — 6.1(Μοσχονάς)
Μπότσης, Μ. — 3.1(Λάζαρη)
Μπουμπουλίδης, Φ. Κ. — 4.1, 8.1
Μπώκος, Γ. Δ. — 2.0
Μυλωνά, Ζ. Α. — 8.3, 8.4

Νέσσερης. Η. Χ. — 4.2
Νιαβής, Π. — 3.1
Νικηφόρου / Νικηφόρου-Testone, Α. — 4.1, see also Nikiforou / Nikiforou-Testone, A.
Νικοκάβουρας, Σ. — 4.2
Νούκιος, Ν. — 3.5
Ντίνου, Α. — 4.4(Καμονάχου)
Ντούρου-Ηλιοπούλου, Μ. — 3.1, 4.1

Παγκράτης, Γ. Δ. — 3.1, 3.2, 4.1, 4.5, see also Pagratis, G. D.
Παλιούρας, Α. — 7.4
Πανδής, Τ. Χ. — 4.5
Πανταζή, Ν. — 4.4(Καμονάχου)
Πανταζή, Α. — 4.1(Αγγελομάτη-Τσουγκαράκη),
Πανταζή, Σ.-Αι. — 4.1(Βλάχου), 4.2
Πανταζής, Β. Δ. — 7.1
Παπαγεώργιος, Σπ. / Σπ. Κ. — 4.2, 4.4
Παπαγιαννόπουλος-Παλαιός, Α. — 8.2
Παπαδάτου, Δ. — 4.1
Παπαδημητρίου, Δ. — 4.1
Παπαδημητρίου, Ι. — 4.4
Παπαδόπουλος, Θ. Ι. — 2.0
Παπαδόπουλος-Κεραμεύς, Α. — 4.1
Παπαδοπούλου, Ε. — 4.2(Ανδριώτη)
Παπαδοπούλου, Β. Ν. — 7.4
Παπαθεοφάνους-Τσούρη, Ε. — 4.2
Παπαϊωάννου, Α. — 4.1(Βλάχου)
Παπανδρέου, Γ. Λ. — 6.5(Partsch)

Παπαρρήγα-Αρτεμιάδη, Λ. — 4.1(Καραμπούλα), 4.1, 4.1(Ροδολάκης)
Παπούλια, Χρ. — 7.4(Γαλανίδου)
Παππάς, Θ. Γ. — 3.1, 4.1
Παυλόπουλος, Κ. — 6.5(Κατσίγερα)
Πελεκανίδης Στ. — 3.3, 3.4
Πεντόγαλος, Γ. Η. — 4.1, 4.2, 6.2
Περδικάρης, Α. Γ. — 7.2
Πιλίλη, Κ. — 4.1(Βλάχου)
Πιτσάκης, Κ. Γ. — 3.2
Πλιάκου, Γ. — 7.1
Πολέμης, Ι. — 4.2(Μανάφης), 6.1,
Πουλημένος, Γ. / Γ. Α. — 8.4
Πουλής, Σ. — 4.1(Βλάχου)
Πρασσάς, Κ. — 7.4(Γαλανίδου)
Πρέκα-Αλεξανδρή, Κ. — 4.4
Πυλαρινός, Θ. — 2.0, 4.1(Αγγελομάτη-Τσουγκαράκη), see also Pylarinos, T.

Ραπτάκη, Α. — 4.4(Βογιατζής)
Ρηγάκου, Δ. / Τ. — 3.3(Βοκοτόπουλος), 5.0, see also Rigakou, Δ. / Τ.
Ροδολάκης, Γ. Ε. — 4.1(Κονιδάρης), 4.1(Παπαρρήγα-Αρτεμιάδη), 4.1
Ροντογιάννης, Π. Γ. — 7.1, 7.3
Ρωμανός, Ι. Α. — 1.0, 4.1, see also Romanos, J. A.

Σαββίδης Α. — 3.1, see also Savvides, A. / Savvidis, A. G. C.
Σκλαβενίτη, Α. Σ. — 6.1
Σκλαβενίτης, Σπ. — 4.2. 7.1, 7.3(Ροντογιάννης)
Σμπόνιας, Κ. — 6.4
Σμύρης, Γ. — 7.4
Σολδάτος, Χρ. — 7.3
Σουρτζίνος, Γ. Χ. — 4.1, see also Sourtzinos, G. C.
Σπετσιέρη-Χωρέμη, Α. — 3.4
Σταθακόπουλος, Δ. Χ. — 3.5(Koder)
Στάικου, Β. — 7.4(Γαλανίδου)
Σταυρίδου-Ζαφράκα, Α. — 3.1
Σταυροπούλου, Α. — 7.4

Σταυροπούλου-Γάτση, Μ. — 7.4(Γαλανίδου)
Στούπης, Σπ. — 4.1, 4.2
Στουφή-Πουλημένου, Ι. / Ι. Α. — 8.3, 8.4(Πουλημένος, Γ.), 8.4
Στρατηγόπουλος, Δ. — 4.2(Καρύδης, Σπ. Χρ.)
Συγκέλλου, Ε. — 3.1

Τζαννετάτος, Θ. Σ. — 6.1
Τζιβάρα, Π. — 1.0, 4.2(Καρύδης, Σπ. Χρ.), 4.2
Τζίκας, Θ. Α. — 4.5(Μαζαράκης, Α. Δ.)
Τριανταφυλλόπουλος, Δ. Δ. —3.2, 3.3(Βοκοτόπουλος), 3.3, 4.2, 7.3, see also Triantaphyllopoulos, D. D.
Τριανταφύλλου, Μ. — 6.5(Κατσίγερα)
Τσελίκας, Α. — 1.0
Τσικνάκης, Κ. — 6.1, 6.2
Τσίτσας, Α. Χ.— 4.1, 4.2
Τσιτσέλης, Η. Α. — 6.1
Τσουγκαράκης, Δ. — 4.1, 4.2, see also Tsougarakis, D.
Τσουρής, Κ. — 3.4
Τσούτσου-Δημοπούλου, Ι. — 2.0(Μοσχονά)
Τυπάλδος, Ι. — 3.1

Φακιολάς, Ρ. — 3.1
Φαρακλός, Γ. — 6.1
Φίλιππα-Αποστόλου, Μ. — 7.4
Φιλίππου, Ει. — 4.1
Φλεμοτόμος, Δ. — 8.2
Φλωράτου, Κλ.-Θ. — 4.5(Mousson)
Φωκάς-Κοσμετάτος, Ν. — 6.4

Χαριζάνης, Γ. — 4.1
Χατζηδάκης, Μ. — 8.3, see also Chatzidakis, M.
Χιώτης, Π. — 8.1
Χονδράκη, Β. — 6.5(Κατσίγερα)
Χονδρογιάννης, Στ. — 3.3, see also Chondrogiannis, S.
Χουλιαράς, Ι. Π. — 3.3(Βοκοτόπουλος), 8.3
Χρυσός, Ε. — 3.1, 5.0

Acconcia Longo, A. — 4.1, 4.2
Adler, M. — 1.0
Ahrweiler, H. — 3.1
Andreatou, M. — 6.4
Angelomatis-Tsougarakis, H. — 4.3, *see also* Αγγελομάτη-Τσουγκαράκη, Ε.
Arbel, B. — 3.1
Asdracha, C. — 4.1, *see also* Ασδραχά, Α.
Asdrachas, S. / S. I. — 3.1, 4.1(Asdracha)
Asonites, S. N. — 3.1, 4.1, *see also* Ασωνίτης, Σπ. Ν.
Aubert, R. — 4.2
Aubineau, M. — 1.0

Bacchion, E. — 4.1
Baika, K. — 3.5(Finkler)
Bakalova, E. — 4.2, 6.2
Balard, M. — 3.1
Baroutsos, P. — 4.1
Barozzi, N. — 3.1(Lunzi)
Bees, N. A. — 1.0
Benton, S. — 3.1
Berger, A. — 1.0, 4.2
Beriatos, E. / I. — 3.5, 6.4, *see also* Μπεριάτος, Η.
Bessi, B. — 1.0
Borgo, M. dal — 1.0
Brand, C. — 3.1
Branikas, N. — 4.4 (Chondrogiannis)
Brückner, H. — 7.5(May)

Carile, A. — 1.0
Chalkia, E. — 3.3
Chatzidakis, M. — 3.3, *see also* Χατζιδάκης, Μ.
Chiesa, P. — 1.0
Chondrogiannis, S. — 4.3, 4.4, *see also* Χονδρογιάννης, Στ.
Concina, E. — 4.4
Costa-Louillet, G. da — 1.0, 4.2
Costantini, M. — 3.1
Cox, G. — 4.2(Metropolis)
Cramer, J. A. — 3.5

Crevato-Selvaggi, B. —3.5, 6.1
Cronier, M. — 4.1
Cuntz, O. — 1.0
Cutler, A. — 4.1(Gregory)
Cvetković, M. — 3.1

Darrouzès, J. — 1.0
Delatte, A. — 3.5
Dieten, I. A. van — 1.0
Dimaras, C. T. — 2.0
Ducellier, A. — 3.1

Emde, K. — 3.5(Finkler)
Emereau, C. — 4.2(Petridès)

Ferracicioli, M. M. — 3.5(Crevato-Selvaggi)
Fiaccadori, G. — 1.0(Berger)
Finkler, C. — 3.5
Fischer, P. — 3.5(Finkler)
Forsén, J. — 7.4(Γαλανίδου)
Foucault, J.-A. de — 4.1
Frankopan, P. — 3.1

Gasparis, C. — 3.1
Gastgeber, C. — 4.2
Gautier, P. — 1.0
Gautier-Dalché, P. — 3.5
Georges, J. — 4.1
Georgopoulou, M. — 3.1, see also Γεωργοπούλου-Βέρρα, M.
Gertwagen R. — 3.1, 4.1, 4.2
Giarenis, I. — 3.1, see also Γιαρένης, Η.
Giraudo, G. — 3.5(Crevato-Selvaggi)
Grecu, V. — 1.0
Gregory, T. / T. E. — 3.5, 4.1, 6.1, 8.1
Gubernatis, E. de — 3.1

Haberstumpf, W. — 7.1
Hadler, H. — 3.5(Finkler), 3.5

Haury, J. — 1.0
Heher, D. — 3.5
Henning, P. — 3.5(Hadler)
Hodges, R. — 6.4
Honigmann, E. — 1.0
Hopf, C. — 1.0
Hörandner, W. — 1.0

Jacoby, D. — 3.1(Arbel), 3.5
Janin, R. — 4.1, 4.2, 6.2
Jeffreys, E. M. — 3.1(Pryor)
Jenkins, R. J. H. — 1.0(Moravcsik)
Jirecek, K. J.

Kambylis, A. — 1.0(Reinsch)
Karapidakis, N. E. — 4.1, see also Καραπιδάκης, N. E.
Karydis, S. C. — 7.2, see also Καρύδης, Σπ. Χρ.
Katselaki, A. — 7.3
Khazdan, A. — 4.2
Kiesewetter, A. — 4.1
Kindt, B. — 1.0

Kislinger, E. — 3.1
Koder, J. — 3.1(Soustal), 3.5, 8.3
Kolyva, M. — 8.3, see also Κολυβά, M.
Kolyva-Karaleka, M. — 3.1
Kordoses, M. S. — 3.2
Kos, see Šašel Kos
Kourkoumelis, D. — 3.4
Kouroupakis, A. — 6.2
Kozličić, M. — 3.5
Krekić, B. — 4.2
Kurtz, E. — 4.2

Lavagnini, B. — 4.1
Lazarova, A. — 4.2(Bakalova), 6.2(Bakalova)
Legrand, É. — 2.0, 2.0(Pierris)
Lelli, F. — 4.2
Lemerle, P. — 4.1

Leontsini, M. — 3.1, see also Λεοντσίνη, Μ.
Lesmüller-Werner A. — 1.0
Li Pira, F. — 4.2
Livieriatos, E. — 3.5(Beriatos), 3.5
Loenertz, R. J. — 4.2
Lombardo, A. — 1.0, 1.0(Morozzo della Rocca)
Longo, see Acconcia Longo
Loukatos, D. — 3.2
Ludwig, Archduke of Austria, see Salvator, Ludwig
Lunzi, E. — 3.1
Luttrell, A. — 4.1

Mackridge, P. — 3.1
Magdalino, P. — 3.1
Maisano, R. — 1.0
Malamut, E. — 3.1
Malaterra, G. — 1.0
Maltezou, C. A. — 8.2(Zakythinos), see also Μαλτέζου, Χρ.
Manzano, see Martínez Manzano
Markesinis, B. — 4.1
Marmora, A. — 4.1, see also Μάρμορας, Α.
Martelli, A. — 5.0
Martínez Manzano, T. — 3.5
May, S. M. — 7.5
McCleary, N. — 3.2
McCormick, M. — 3.1
Metallinos, G. D. — 3.2, see also Μεταλληνός, Γ. / Γ. Δ.
Metallinou, G. — 3.5(Finkler)
Metropolis of Kerkyra — 4.2
Miklosich, F. — 1.0
Miller, W. — 3.1, 6.1
Molteni, E. — 4.5
Mondrain, B. — 4.1
Moravcsik, G. — 1.0
Moretti, S. — 4.5(Molteni)
Morgan, C. — 6.3(Pentedeka), 7.4(Γαλανίδου)
Morozzo della Rocca, R. — 1.0(Lombardo), 1.0
Moschopoulos, G. N. — 6.3, see also Μοσχόπουλος, Γ. Ν.
Moulet, B. — 3.2

Mousson, A. — 4.5
Müller, J. — 1.0(Miklosich)
Müller, R. C. — 3.1, 4.1
Mustoxidis, A. — 1.0

Navari, L. — 3.5(Tolias)
Nesbitt, J. — 1.0
Nicol, D. M. — 3.1
Nikiforou / Nikiforou-Testone, A. — 4.1, *see also*
 Νικηφόρου / Νικηφόρου-Testone, A.
Ntageretzis, K. — 3.5(Hadler)

Oikonomides / Oikonomidès, N. — 1.0(Nesbitt), 1.0, 3.1
Osswald, B. — 3.1, 6.1

Pagratis, G. D. — 3.1, 4.1, *see also* Παγκράτης, Γ. Δ.
Pallas, D. — 3.4
Panayotov, A. — 3.1
Papadia-Lala, A. — 3.1
Papadopoulos, K. — 4.5(Ploutoglou)
Papanikolaou, A. N. — 4.2
Partsch, J. / J. F. M. — 4.5, 6.5, 7.5, 8.5
Pazarli, M. — 4.5(Ploutoglou)
Pelusi, S. — 3.5(Crevato-Selvaggi), 6.5
Pentedeka, A. — 6.3
Pernot, H. O. / Hubert — 2.0(Legrand), 2.0(Pierris)
Pertusi, A. — 1.0
Petridès, S. — 4.2
Petrizzopulo, D. — 7.1
Pettinau Vescina, M. P. — 3.3
Pierris, N. — 2.0
Pira, *see* Li Pira
Ploumidis, G. — 3.5
Ploutoglou, N. — 4.5
Politis, J. N. — 3.1
Pontieri, E. — 1.0(Malaterra)
Pozza, M. — 1.0
Preiser-Kapeller — 3.5(Heher)
Preschel, P. L. — 4.1

Prigent, V. — 3.1
Prinzing, G. — 3.1, 3.2
Pryor, J. H. — 3.1
Psichari, J. — 6.5

Randsborg, K. — 6.4
Ravegniani, G. — 1.0(Pozza), 4.1
Reinsch, D. R. — 1.0
Rhoby, A. — 4.4
Riemann, O. — 3.4
Rigakou, D. / T. — 3.1, 3.3, 3.5(Finkler), 6.3, *see also*
    Ρηγάκου, Δ. / Τ.
Rigo, A. — 4.1
Rocca, *see* Morozzo della Rocca
Romanelli, G. — 4.5
Romanos J. A. — 4.1, *see also* Ρωμανός, I. A.
Roncaglia, M. P. — 4.1
Rossi Taibbi, G. — 1.0
Roux, M. — 4.1, 4.4
Rusconi, A. — 4.4

Sakellariou, D. — 3.4 (Kourkoumelis)
Salvator, Ludwig — 5.0, 6.1
Šašel Kos, M. — 4.1
Savvides, A. / Savvidis, A. G. C. — 3.1, 6.1, 8.1, *see also*
    Σαββίδης, Α.
Schabel, C. / C. D. — 3.2, 6.2(Kouroupakis)
Schirò, G. — 1.0, 3.1, 4.1, 7.1
Scholz, C. — 1.0
Schreiner, P. — 7.2
Segre, R. — 3.1
Seibt, I. N. — 1.0(Seibt, W.)
Seibt, W. — 1.0
Ševčenko, I. — 1.0
Seymour, A. / A. A. D. — 7.2, 8.1
Sieben, H. — 4.2
Simeonov, G. — 3.5(Heher)
Skoufari, E. — 3.2
Smedil, A. — 7.5(May)

Soteriou, A. — 6.3(Pentedeka)
Sourtzinos, G. C. — 4.1, *see also* Σουρτζίνος, Γ. Χ.
Soustal, P. — 3.1, 4.1, 6.1
Speranzi, D. — 4.1
Stamatopoulos, N. — 4.1
Strano, G. — 4.1

Tafel, G. L. F. — 1.0
Taibbi, *see* Rossi Taibbi
Testone, *see* Νικηφόρου-Testone
Theotokis, G. — 3.1
Thiriet, F. — 1.0, 3.1, 4.2
Thomas, G. M. — 1.0(Tafel)
Thurn, I. — 1.0(Lesmüller-Werner), 1.0
Todt, K.-P. — 6.3
Tolias, G. — 3.5
Tonini, C. — 4.5(Romanelli)
Topping, P. — 6.1
Treu, M. — 6.1
Triantaphyλλopoulos, D. D. — 3.3, *see also* Τριανταφυλλόπουλος, Δ. Δ.
Tsatsoulis, C. — 1.0, 3.1
Tsiknakis, K. — 3.1, *see also* Τσικνάκης, Κ.
Tsougarakis, D. — 4.2, *see also* Τσουγκαράκης, Δ.
Typaldo-Foresti, M. — 3.1(Lunzi),

Underhill, J. — 6.5(Κατσίγερα)

Veikou, M. — 3.1, *see also* Βέικου, Μ.
Ven, P. van den — 1.0
Veneri, R. M. — 5.0
Veronese, P. — 3.1
Vescina, *see* Pettinau Vescina
Vokotopoulos, P. L. — 4.3, *see also* Βοκοτόπουλος, Π. Λ.
Vött, A. — 3.5(Finkler), 3.5(Hadler), 7.5(May)
Vries, W. de — 4.2
Vroom, J. — 7.4(Γαλανίδου)

Willershäuser, K. — 3.5(Hadler)

Wirth, G. — 1.0(Cuntz), 1.0(Haury)
Woda, N. — 4.5

Yannopoulos, P. / P. A. — 1.0, 4.2
Yotopoulou-Sicilianou, E. — 4.1, *see also* Γιωτοπούλου-Σισιλιάνου, Ε.

Zachou, V. K. — 4.1, *see also* Ζάχου, Β.-Κ.
Zakythinos, D. / D. A. — 4.1, 8.2, *see also* Ζακυθηνός, Δ. Α.
Zečević, N. — 7.2
Zeldes, N. — 4.1, 4.2
Zivas, D. A. — 8.4, *see also* Ζήβας, Δ. Α.
Zuckerman, C. — 6.1

Milton Keynes UK
Ingram Content Group UK Ltd.
UKHW011528220823
427155UK00001BA/14